CBD

CBD

Curación transformadora
con cannabidiol

Colleen Quinn

EDICIONES
LU

Librería Universitaria
BARCELONA

A Donna, Kerrie y Shannon,
por ser siempre mi hogar.

Todas las imágenes son cortesía de:
Shutterstock, Unsplash y Adobe Stock.

Esta edición fue publicada en 2023 por Arcturus Publishing Limiteds
26/27 Bickels Yard, 151-153 Bermondsey Street, Londres SE1 3HA

EDICIONES

Librería Universitaria
BARCELONA

© 2024 Ediciones Librería Universitaria de Barcelona, S. L.
Joan XXIII, n° 27 - 08950 Esplugues de Llobregat
Tel. 93 289 01 46 - Fax: 93 371 94 38
info@edicioneslu.com
www.edicioneslu.com

ISBN 978-84-19282-95-8

Sumario

Introducción 6

Capítulo 1: ¿Qué es el CBD?..12

Capítulo 2: Cómo el CBD nos hace más sanos y felices.............46

Capítulo 3: Recetas con CBD 90

    Recetas para el estrés..102

    Recetas para dormir...112

    Recetas para el dolor..119

    Recetas para el sexo..132

Capítulo 4: El futuro del cannabis, el CBD y las medicinas botánicas complementarias...138

Índice alfabético..152

Glosario básico sobre el CBD 155

Recursos didácticos adicionales..158

Acerca de la autora..159

Agradecimientos...160

Introducción

Llevo ya casi dos décadas explorando y examinando las plantas y su fascinante química. Siempre me he dedicado al mundo de la aromaterapia y la botánica, trabajando felizmente sin saber que había una planta que iba a poner mi mundo patas arriba: el cannabis. En 2016, el cannabis y sus cannabinoides (especialmente el CBD) captaron mi atención, y aún hoy en día sigo hipnotizada por esta planta tan diversamente terapéutica.

Ya llevaba tiempo defendiendo con pasión las soluciones basadas en plantas para el cuidado de la piel, el bienestar y la salud y, hasta cierto punto, estaba ganando la batalla, sobre todo a medida que se investigaba más y las pruebas clínicas daban un respaldo cada vez mayor a la ciencia y la terapéutica de la química de nuestras plantas. Pero esta nueva tendencia se empoderó más aún cuando el mundo descubrió el poder curativo del cannabis, sus compuestos y el CBD. Es cierto que mucha gente había oído

hablar del CBD mucho antes de oír hablar del cannabis o del cáñamo, en algunos casos gracias a la extraordinaria historia de La telaraña de Charlotte.

La telaraña de Charlotte es una quimiovariedad de cannabis que se cultiva estratégicamente para que tenga niveles muy altos de CBD, ya que se crea para tratar una forma específica de epilepsia infantil. Los hermanos Stanley, que cultivaron el quimiovar, descubrieron que su planta arrojaba resultados satisfactorios al haber ayudado a una niña llamada Charlotte Figi que padecía el síndrome de Dravet. Cuando tomaba la planta de cannabis con alto contenido en CBD, se reducía la frecuencia de los ataques que padecía Charlotte, y de este modo Charlotte se convirtió en la inspiración del ahora famoso nombre de la planta. Y es que, en cierto modo, Charlotte no solo se convirtió en un símbolo del cannabis como planta medicinal, sino también de los beneficios para la salud de este compuesto: el CBD.

No fue hasta que se legalizó el cannabis en Norteamérica que tuve la oportunidad de trabajar con esta planta y de comprender su química de tal forma que pudiera elaborar fórmulas y recetas con ella en el seno de mi proceso científico y creativo. Para mí, la gran oportunidad de trabajar con CBD era que presentaba una solución eficaz para una amplia gama de afecciones y problemas, pues en el campo del bienestar y la medicina preventiva, el CBD estaba demostrando una utilidad nunca vista en ninguna otra planta. Había visto grandes resultados al trabajar con varias plantas de forma sinérgica, pero el cannabis tenía la capacidad de funcionar de forma brillante como solución única o cuando se combinaba con otras plantas. Me tenía realmente intrigada.

Cuanto más tiempo y más profundamente trabajaba con esta planta, más evidente se me hacía que, aunque el CBD no es una solución mágica, sí que es claramente terapéutico y eficaz, tanto si lo usamos por sus propiedades antiinflamatorias o antioxidantes, como si lo utilizamos para nuestra rutina de cuidado de la piel envejecida, para reforzar nuestro sistema inmunológico, para ayudar a nuestros músculos a recuperarse, para conciliar un sueño reparador o para ayudarnos a gestionar la ansiedad provocada por el estrés de nuestra vida diaria. El CBD se ha convertido rápidamente en un compuesto vegetal que mis clientes,

mi familia, mis amigos y yo misma no solo necesitamos, sino que agradecemos infinitamente.

Según mi experiencia, las cuatro principales áreas interconectadas del bienestar, y que pueden tener el mayor impacto negativo o positivo en nuestro estado de ánimo diario y en cómo experimentamos nuestro día son: cómo sentimos el dolor y el estrés; la satisfacción y el descanso que logramos en nuestras horas de sueño; el placer, la confianza y la relajación que obtenemos del sexo; y la salud y estilo de vida. Después de años trabajando con clientes y pacientes, especialmente pacientes terminales, puedo afirmar que gran parte de nuestra vida se ve afectada por nuestra relación personal con estas cuatro áreas de nuestra salud y estilo de vida: estrés, sueño, dolor y sexo.

Creo firmemente que si cuidamos y prestamos atención a estas áreas de nuestra salud y bienestar, podemos llevar una vida mucho más feliz y saludable. En mi propio viaje hacia el bienestar he estado consumiendo CBD, y ahora es el momento de compartir mis experiencias y aprendizajes.

Los beneficios del CBD tienen sus raíces en la ciencia, están respaldados por la fitoquímica y cuentan con la confianza de millones de seres humanos que buscan apoyo en el CBD para mejorar su vida diaria y fortalecer su salud física y mental. El CBD ayuda a nuestro sistema inmunológico, puede disminuir la ansiedad y además es neuroprotector, de modo que da apoyo a nuestra función cerebral. Por si fuera poco, es un magnífico antiinflamatorio y antioxidante. El CBD es absorbido por nuestra piel y el tejido mucoso de nuestra boca, y estimula un fascinante sistema natural dentro de nuestro cuerpo llamado sistema endocannabinoide, donde el CBD activa una serie de acciones beneficiosas para nuestra salud.

En este libro hablaremos sobre distintas cuestiones del CBD: la planta en sí, el compuesto, la química, sus impresionantes propiedades terapéuticas y su acción sobre el cuerpo. Pasarás de tener dudas sobre el CBD y cómo utilizarlo, a sentirte seguro y comprender cómo funciona en tu cuerpo y cómo puedes utilizarlo para mejorar tu salud. Exploraremos las cuatro áreas del bienestar que antes decía que son fundamentales para crecer y convertirte en un ser humano sano, y veremos por qué estas áreas específicas son tan importantes y qué necesitamos saber sobre ellas fisiológicamente.

Sin pasar a la acción, el conocimiento que obtendrás en estas páginas no serviría de nada, así que he creado 12 recetas ricas en CBD, aceites esenciales y otros productos botánicos que puedes preparar en tu propia cocina y utilizarlas a diario para mejorar tu salud. Hay recetas para todo: por si necesitas ayuda para dormir, alivio para las articulaciones doloridas, algún estímulo afrodisíaco... En el capítulo de recetas, te guiaré a través de cada una de ellas para que puedas utilizar el CBD y tomar las riendas de tu bienestar personal.

La principal pregunta que me hacen sobre el CBD es: "¿cómo puede el CBD hacerme más sano y feliz?". Mi intención con este libro es responder a esa pregunta.

Capítulo Uno

¿QUÉ ES EL CBD?

Es imposible construir algo sólido sin cimientos. En este caso, nuestros cimientos son entender qué es el CBD, cómo funciona en el cuerpo y cómo podemos utilizarlo para mejorar nuestra salud física, mental y emocional.

El cannabidiol (CBD) se considera uno de los elementos más eficaces de la planta de cáñamo por su amplia variedad de propiedades terapéuticas. De hecho, son varios los tipos de inflamación (incluidos los trastornos digestivos y la artritis) que pueden mejorarse añadiendo CBD a la rutina diaria de cuidado de la salud.

El CBD es lo que llamamos un cannabinoide. Los cannabinoides son compuestos químicos que se encuentran en las plantas de cannabis y cáñamo, que funcionan en nuestro organismo de forma similar a los compuestos llamados endocannabinoides que nuestro propio cuerpo produce de forma natural. El CBD es uno de los compuestos más eficaces para ayudar a nuestro sistema inmunológico y para disminuir la ansiedad y la depresión, y es también un neuroprotector que da apoyo a las neuronas que componen nuestra función cerebral, pues el CBD tiene propiedades antioxidantes y antiinflamatorias muy potentes frente a la oxidación y la inflamación, que son dos de los principales factores que contribuyen al deterioro de las células cerebrales.

Además de ser antioxidante y antiinflamatorio, el CBD posee un impresionante abanico de propiedades terapéuticas, pues funciona como anticonvulsivo, ansiolítico, analgésico y antidepresivo, además de sus ya mencionadas propiedades neuroprotectoras.

El CBD es el componente no psi-coactivo del cannabis y de la planta de cáñamo y cannabis. Muchas de estas propiedades presentan enor-mes ventajas a la hora de tratar afec-ciones cutáneas, como la deshidrata-ción, la falta de brillo, las manchas, el acné, la psoriasis, el eccema o la pigmentación desigual. Sin embar-go, en su viaje terapéutico, el CBD llega mucho más allá de las capas epidérmicas.

Inicialmente, el CBD fue reco-nocido por su capacidad para redu-cir las convulsiones, y eso se con-virtió en su principal reclamo, pero ahora, gracias a investigaciones y anécdotas, conocemos que el CBD también puede reducir el dolor, la inflamación, la artritis y los espasmos musculares, además de ayudar a estimular el crecimiento óseo y contribuir a reducir los niveles de azúcar en sangre, lo que ayuda a controlar la diabetes.

El CBD se está utilizando con éxito para tratar diversos pro-blemas de salud, y las pruebas científicas más sólidas demues-tran su eficacia en el tratamiento de algunos de los síndromes

epilépticos infantiles más graves, como el síndrome de Dravet y el síndrome de Lennox-Gastaut, dos tipos de epilepsia que, clásicamente, no han respondido de manera eficaz a los anticonvulsivos farmacéuticos. En cambio, el CBD es capaz de reducir el número de crisis y, en algunos casos, detenerlas por completo. De hecho, el primer medicamento derivado del CBD aprobado por la FDA en Estados Unidos, Epidiolex, está diseñado y se utiliza para tratar los síntomas de estos síndromes epilépticos.

También se ha descubierto que es eficaz en el tratamiento de la ansiedad, el insomnio, el dolor crónico y la adicción. El CBD está demostrando su utilidad tanto para ayudarnos a conciliar el sueño como para mantenernos dormidos. En el caso de las adicciones, ayuda a reducir la ansiedad generada por el tabaco y la heroína, y se está utilizando mucho para hacer frente a la crisis de los opiáceos en Norteamérica, ya que ayuda a los pacientes a dejar la medicación opiácea adictiva y, al mismo tiempo, alivia el dolor que sufren. Desde el punto de vista médico, se está utilizando con gran eficacia para el dolor inflamatorio y neuropático.

¿Ya has quedado fascinado por este magnífico compuesto natural? ¡Pues espera a conocer el sistema endocannabinoide! La ciencia que hay detrás del CBD es extraordinaria, pero una vez entiendes cómo funciona dentro de nuestro cuerpo, el CBD se vuelve aún más cautivador.

¿Qué es nuestro sistema endocannabinoide?

Nuestro bienestar físico depende de un equilibrio siempre cambiante, un malabarismo fisiológico realizado por nuestro cuerpo, llamado homeostasis. Este proceso garantiza que las enzimas (los catalizadores de las reacciones bioquímicas que se producen constantemente en nuestro interior) puedan funcionar correctamente sin interrupciones. Si se pierde este equilibrio, los sistemas que nos mantienen sanos pueden empezar a colapsar, lo que puede dar lugar a algunos peligrosos problemas de salud.

Para mantener la homeostasis, el cuerpo utiliza un complejo proceso de señalización celular conocido como sistema endocannabinoide (SEC). Nuestro cuerpo crea de forma natural moléculas endocannabinoides, neurotransmisores que se unen a los receptores de nuestros sistemas nerviosos central y periférico cuando la homeostasis se ve alterada por una enfermedad, una lesión o un trastorno emocional. El SEC (que se compone de los endocannabinoides y los receptores a los que se unen, y las enzimas que descomponen estos cannabinoides) es como una red que proporciona a nuestro cuerpo la seguridad necesaria para recuperar su equilibrio y reanudar una actividad óptima.

El sistema endocannabinoide de nuestro cuerpo funciona como una cerradura y una llave. Las cerraduras son los receptores del sistema endocannabinoide, situados en el cerebro, el sistema nervioso central y en todo el cuerpo. Estos receptores se llaman CB1 y CB2. Por su parte, el CBD es la llave que abre estos receptores y alimenta el SEC,

dándole el combustible que necesita para mejorar nuestra salud. El sistema endocannabinoide constituye una extraordinaria red de compuestos y receptores, que ha sido a menudo considerado como un componente central de la salud y la curación en el ser humano. Este vasto sistema tiene la capacidad de influir en funciones cerebrales como la memoria, el estado de ánimo, la respuesta al dolor, el apetito, la percepción, la cognición, el sueño, las emociones, la función motora y la función antiinflamatoria, así como en el desarrollo y la protección del cerebro.

El sistema endocannabinoide está presente en todo el cuerpo: en la piel, el cerebro, los órganos principales, el tejido conjuntivo, las glándulas, las células inmunitarias, etc. Para cada zona del cuerpo lleva a cabo tareas diferentes, aunque el objetivo es siempre el mismo: el SEC trabaja incansablemente para mantener el equilibrio interno y el bienestar físico del cuerpo. Crea un equilibrio, una armonía y una paz internos que resisten incluso a las fluctuaciones más adversas del entorno exterior.

No deja de ser paradójico pensar que tenemos este fantástico sistema dentro de nuestro cuerpo trabajando cada día para protegernos, y ni siquiera lo conocimos oficialmente hasta principios de los 90. En 1988, en un estudio financiado por el gobierno en la Facultad de Medicina de la Universidad de San Luis, Allyn Howlett y William Devane descubrieron que los cerebros de los mamíferos tienen sitios receptores que responden

a los compuestos que se encuentran en el cannabis. Estos receptores, denominados receptores cannabinoides, resultaron ser el tipo de receptor neurotransmisor más abundante en el cerebro, pero el sistema endocannabinoide no fue descubierto hasta 1992 por el Dr.

Raphael Mechoulam, de la Universidad Hebrea de Jerusalén, que por aquel entonces investigaba la planta de cannabis. Este descubrimiento tiene poco menos de 30 años, lo cual resulta increíble teniendo en cuenta que el SEC es de vital importancia.

Como dice el investigador italiano Vincenzo Di Marzo, el SEC es "esencial para los procesos básicos de la vida al transmitir mensajes que afectan a cómo nos relajamos, comemos, dormimos, olvidamos y protegemos".

El sistema endocannabinoide se alimenta de dos tipos de cannabinoides: los fitocannabinoides (también conocidos como cannabinoides vegetales) y los endocannabinoides (también

llamados cannabinoides endógenos-cannabinoides producidos de forma natural en el cuerpo). Estos dos tipos de cannabinoides son tan similares que nuestro cuerpo responde a ellos como si fueran lo mismo. Por ello, si nuestro cuerpo, por sí solo, no produce suficientes endocannabinoides para mantener ese estado deseable de homeostasis, utilizará fitocannabinoides para compensar el déficit.

Podemos afirmar con rotundidad que el sistema endocannabinoide es el sistema que controla fundamentalmente todas las funciones de nuestro cuerpo y mente, y que el CBD alimenta nuestro sistema endocannabinoide.

¿Qué ocurre cuando no alimentamos el sistema endocannabinoide?

Hay un conjunto de pruebas científicas que afirman que si nuestro SEC no se alimenta y optimiza, sufriremos lo que se denomina deficiencia clínica del sistema endocannabinoide (CECD): como nuestro cuerpo solo produce endocannabinoides a demanda, nuestro SEC se beneficia cuando los suplementamos con fitocannabinoides. Si no producimos suficientes cannabinoides, sufriremos una deficiencia clínica de endocannabinoides.

El Dr. Ethan Russo es uno de los principales expertos científicos en el campo de la ciencia endocannabinoide, y su trabajo se ha centrado en las deficiencias clínicas del sistema endocannabinoide, que tienen un impacto negativo en la digestión, el estado de ánimo, la ansiedad, el sueño, el dolor y la inflamación, y también están relacionadas con las migrañas, la fibromialgia y el síndrome del intestino irritable.

Durante las dos últimas décadas, se ha estudiado la teoría de la deficiencia clínica del sistema endocannabinoide y ahora conocemos su relación con algunas enfermedades específicas.

Se han llevado a cabo estudios con animales para comprobar la eficacia de los cannabinoides. En los estudios, se imitó la deficiencia clínica del sistema endocannabinoide eliminando los receptores CB1 y CB2. Los resultados han demostrado que algunas afecciones son relevantes para el déficit cuando esto ocurre, a saber, el Alzheimer, la diabetes, el estrés, los estados de ansiedad, la inflamación y las enfermedades cardíacas. También se han encontrado niveles reducidos de anandamida y 2-AG en pacientes con trastorno de estrés postraumático (TEPT), aunque se trata de una línea de investigación incipiente que requiere más trabajo clínico.

Entender la planta

Ahora que sabemos que el CBD es un cannabinoide y hemos conocido el sistema endocannabinoide, debemos preguntarnos ¿y qué hay de la planta? ¿El cáñamo y el cannabis son lo mismo o totalmente diferentes? ¿Qué es la marihuana? ¿Es legal el CBD? Vamos por partes.

Cada planta tiene un nombre botánico y un nombre común. Cannabis sativa es el nombre botánico tanto del cannabis como del cáñamo. El cáñamo es uno de los cultivos domesticados más antiguos; a lo largo de la historia, se han cultivado distintas variedades de sativa para fines tales como la confección de prendas de vestir o la fabricación de materiales de construcción fibrosos, cuerdas, velas, biocombustibles, plásticos y alimentos. En la actualidad, se cultivan plantas de cáñamo tanto por su fibra como por sus semillas, para producir aceite vegetal utilizado habitualmente en cuidados de belleza y en la cocina.

La diferencia entre el cannabis y el cáñamo la encontramos en la química de la planta, que constituye el ADN de cada una de ellas. El cannabis contiene toda una serie de cannabinoides, mientras que el cáñamo contiene todos los cannabinoides pero su nivel legal de THC es muy bajo, siempre del 0,3% o inferior. Seguro que nos suenan pot, weed, marihuana y otros nombres del argot para referirnos a la planta.

Las plantas de cannabis sativa también son populares para fines medicinales y religiosos, pero no en todos los sitios es legal, en cuyo caso necesitarás una tarjeta o recomendación médica para poder acceder al cannabis medicinal. El cáñamo se utiliza

principalmente por su contenido en CBD y contiene bajos niveles de THC; legalmente, es la planta de uso recomendado. El CBD del cáñamo es el que más se utiliza hoy en día en la industria cosmética y de la belleza. De hecho, puedes comprar aceite de CBD extraído del cáñamo online, en tiendas de belleza o de salud, e incluso en supermercados.

En el Reino Unido, el aceite de CBD siempre se extrae del cáñamo, mientras que en Canadá y Estados Unidos el aceite de CBD se puede extraer tanto del cáñamo como del cannabis, de modo que tendrás que leer la etiqueta para saber exactamente de qué variedad de planta procede ese aceite de CBD. Más adelante explicaremos cómo comprar CBD de forma correcta y legal.

Botánica del CBD

La altura de las plantas de cannabis oscila entre los 90 y los 450 centímetros aproximadamente, y tienen numerosas ramas con entre cinco y siete delicadas hojas dentadas. La planta está cubierta, en su totalidad, de estructuras diminutas y pegajosas que parecen pelos, y que en realidad son puntas microscópicas parecidas a glándulas que se desarrollan en la piel de la planta. El término técnico para su denominación es tricomas.

Los tricomas son células vivas que protegen a las hojas y las flores, ayudando a reducir la evaporación protegiendo a la planta del viento y el calor. Estos tricomas contienen una resina aceitosa repleta de fitocannabinoides, lo que convierte a la planta de cannabis en extremadamente valiosa para nuestra salud y el cuidado de la piel.

El cannabis tiene dos especies principales, el cannabis sativa y el cannabis indica. Pese a ser versiones de la misma planta, sus propiedades son bastante diferentes. El cannabis sativa produce más CBD y menos del 1% de THC; mientras que el cannabis indica es el cannabis rico en drogas cuyos niveles de THC pueden oscilar entre el 1% y el 30%. O dicho en otras palabras, ¡el cannabis indica es el que te colocará!

Dependiendo de dónde y cómo se cultive la planta, la composición fitoquímica de estos tricomas cambia y cada variedad tendrá un efecto terapéutico único.

Los mismos tricomas que liberan los potentes fitoquímicos de la planta de cannabis también liberan otra joya: los compuestos altamente aromáticos llamados terpenos. Los terpenos se encuentran en la mayoría de los aceites esenciales, y son responsables del color y el aroma tanto de los aceites esenciales como del cannabis, influyendo sustancialmente en los efectos medicinales y psicoactivos de la planta y del aceite que se le extrae.

Tetrahidrocannabinol

Ya hemos mencionado varias veces el compuesto THC (Tetrahidrocannabinol), así que vamos a aclarar un poco en qué consiste este "controvertido" compuesto.

El THC, al igual que el CBD, es un cannabinoide que se encuentra en las plantas de cannabis y, en mucha menor medida, de cáñamo. Puede causar efectos psicoactivos dependiendo de la dosis y de la exposición previa al cannabinoide, aunque a su vez es un impresionante compuesto terapéutico que se está utilizando para tratar eficazmente un amplio abanico de afecciones y síntomas médicos, entre ellos: alivio del dolor, náuseas, espasmos musculares, estimulación del apetito, ansiedad, depresión y trastorno de estrés postraumático (TEPT). En concreto, el THC ayuda a los pacientes con náuseas y a los enfermos a recuperar el apetito. Incluso pacientes que padecen cáncer y dolores

debilitantes han obtenido resultados efectivos como consecuencia de medicarse con THC, lo cual es muy esperanzador, teniendo en cuenta la potencial adicción que se puede desarrollar cuando se trata con otras formas de analgesia, como los opiáceos. Las aplicaciones medicinales del THC son innegables y, como resultado, las empresas farmacéuticas están creando versiones sintéticas del THC para tratar a los pacientes que sufren las enfermedades mencionadas. En definitiva, el THC y el CBD pueden ser compuestos hermanos, pero en realidad tienen un impacto muy diferente sobre nuestros cuerpos y mentes.

Material vegetal

El material de cannabis y cáñamo es un material derivado de la planta de cannabis o cáñamo, ya sea líquido, sólido o en polvo, y que puede proceder de la planta entera o de una parte aislada de la planta.

Cada vez disponemos de más materiales de cannabis y cáñamo, pero este ámbito se puede convertir en un campo de minas, pues tendrás que decidir qué materiales se adaptan mejor a tus necesidades particulares teniendo también en cuenta la legalidad del lugar en el que vives. En este libro veremos cómo se extraen los cannabinoides de la planta y qué materiales de CBD tenemos a nuestra disposición.

Las plantas de cannabis y cáñamo se extraen normalmente mediante un proceso llamado extracción con CO_2, o extracción supercrítica con CO_2, un método de extracción que utiliza un disolvente químico como etanol, propano, butano o hexano para disolver la planta en una solución o crudo. Después el crudo se destila para aislar determinados componentes de la planta: fitocannabinoides, terpenos, flavonoides, clorofila e incluso ceras pueden extraerse mediante métodos de extracción química. De este modo se obtienen concentrados (también conocidos como extractos). Una vez finalizada la extracción, hay que purgar los disolventes del aceite resinoso, lo cual se puede conseguir mediante evaporación, aspiración o batido manual, con el objetivo de eliminar el disolvente residual del material extraído para obtener un material limpio rico en cannabinoides.

LOS TRES PRINCIPALES MATERIALES QUE PODEMOS ADQUIRIR:

Espectro completo

El material de espectro completo, también conocido como material de planta entera, es un extracto directo de las plantas crudas de cannabis o cáñamo que contiene toda la gama de fito-cannabinoides, terpenos, flavonoides, ácidos grasos y otros fito-químicos. Aunque esto varía según la cepa de la planta de la que se extrae el material, el extracto de espectro completo suele tener niveles más altos de fitocannabinoides y, en la mayoría de los casos, altos niveles cultivados deliberadamente de THC o CBD –o incluso ambos. El extracto de espectro completo es utilizado más habitualmente en productos medicinales y recreativos, y contiene terpenos que amplifican el efecto de los fitocannabi-noides cuando interactúan con el sistema endocannabinoide.

Destilado

El destilado también se conoce como CBD de amplio espectro, o destilado de CBD. Es un extracto que conserva todos los fitocannabinoides, terpenos, flavonoides, ácidos grasos y fitoquími-cos de la planta original y, tras la ex-tracción, pasa por un proceso especial

para eliminar el cannabinoide THC. El destilado tiende a tener altos niveles de CBD (aunque esto varía según la cepa de la planta de la que se extrae el material), así como una serie de otros cannabinoides naturales. Este destilado se considera ideal para quienes quieran experimentar los beneficios del espectro completo sin el contenido de THC. Se utiliza mucho en productos herbales y para el cuidado de la piel, pues las marcas o fabricantes de medicamentos no quieren correr el riesgo de utilizar accidentalmente niveles ilegales de THC. Contiene naturalmente terpenos, que amplifican el efecto de los fitocannabinoides al interactuar con el sistema endocannabinoide.

Aislado

El aislado de CBD es CBD en su forma más pura, ya que durante el proceso de extracción se eliminan o filtran todos los fitoquímicos de la planta de cannabis o cáñamo, excepto el CBD. De hecho, un aislado de CBD tiene normalmente entre un 90-97% de aislado. Cuanto mayor sea el porcentaje de CBD, mejor.

El aislado se utiliza en preparaciones de productos medicinales y recreativos, pero no con tanta frecuencia como el espectro completo y el destilado, y se usa mucho también en productos de belleza, ya que no hay riesgo de violar la limitación legal de THC del 0,3%.

QUÉ NO ES CBD

Una cosa que no hace el CBD es colocarte.
Te puede relajar y calmar la ansiedad,
pero no producirá el efecto psicotrópico
perjudicial que proporciona el cannabinoide
THC. No hay que confundir CBD y THC.
El CBD es el segundo ingrediente activo
más predominante en la planta de cannabis,
solo superado por su cannabinoide hermano,
el THC.

Aceite esencial de cáñamo

Es posible que veas un producto llamado
aceite esencial de cannabis o cáñamo;
este producto no es aceite de CBD.
Un "aceite esencial" es una destilación de
material vegetal y esta acción captura los
componentes volátiles, como los terpenos
aromáticos. En cambio, los cannabinoides
se consideran no volátiles; son amantes de
la grasa, no del agua. Por tanto, no pueden
destilarse eficazmente y no pueden acabar
en el aceite esencial de la planta.

Aceite de semillas de cáñamo

Mucha gente compra aceite de semillas de cáñamo pensándose que es aceite de CBD, cuando en realidad no lo es. El aceite de semillas de cáñamo se produce prensando semillas de cáñamo, que NO contienen fitocannabinoides. Hay que ser muy claros: el aceite de cáñamo no contiene CBD, ¡ni siquiera una dosis simbólica!

No obstante, el aceite de semillas de cáñamo es un aceite vegetal fantástico para recetas de cuidado de la piel, ya que es increíblemente terapéutico, rico en vitamina E y contiene ácidos grasos esenciales que lo convierten en un ingrediente restaurador, regenerador, reponedor, antiinflamatorio y antioxidante para el cuidado de la piel. Tiene la capacidad de proteger y reparar la piel del daño celular, a la vez que calma la irritación y equilibra la producción de sebo.

Tomar CBD

P odemos consumir CBD en muchas formas: aceites, extractos, cápsulas, parches, vaporizaciones y preparados tópicos para usar sobre la piel. Dependiendo de cuál sea la razón por la que vas a consumir CBD, elegirás una vía de administración u otra. Por ejemplo, si tu objetivo es reducir la inflamación y aliviar el dolor muscular y articular, la mejor opción es un aceite, una loción o una crema tópica con infusión de CBD. Sabemos que los productos tópicos de CBD interactúan con los receptores cannabinoides de la piel y el sistema nervioso. Aplicar aceite de CBD sobre la piel es una de las formas más eficaces de utilizar el compuesto si lo aplicamos de forma constante y directa sobre las zonas de inflamación o dolor crónico, y si además se combina de forma sinérgica con otros productos botánicos y aceites esenciales para aumentar la permeabilidad. Por otro lado, para que el CBD entre directamente en el torrente sanguíneo, la mejor vía de aplicación es una tintura de CBD diseñada para colocarse bajo la lengua.

DOSIS DE CBD

El CBD alcanza su mayor efectividad cuando se toma a diario. Se recomienda tomar 4-5 gotas de aceite de CBD de alta potencia, hasta tres veces al día. Una muy buena forma de tomar nuestra dosis diaria de CBD es mantener las gotas bajo la lengua durante 60 segundos antes de tragar o con un café / bebida caliente.

Se recomienda no superar los 80 mg al día. Un aceite de CBD con una concentración del 10% proporcionará 5 mg de CBD por gota aproximadamente. Como cada cuerpo es un mundo, cada cuerpo puede responder de forma distinta al CBD, por lo que algunos pueden sentir el impacto positivo de tomar CBD con regularidad al instante, mientras que a otros les puede llevar más tiempo.

¿ES SEGURO EL CDB?

No se puede sufrir una sobredosis de CBD como tal, pero sí que es verdad que algunas personas pueden experimentar efectos secundarios leves, como por ejemplo náuseas, fatiga, falta de concentración e irritabilidad. El CBD puede aumentar el nivel de anticoagulantes y otros medicamentos en la sangre al competir con las enzimas hepáticas que descomponen estos fármacos. Es importante consultar a tu médico si estás tomando estos medicamentos o si tienes problemas de salud antes de tomar CBD.

Comprar CBD

Hay tantos productos de CBD en el mercado que puedes comprar sin querer algo que no sea CBD auténtico. Te ofrecemos aquí algunos consejos rápidos y sencillos que te ayudarán a comprar CBD.

✳ **Consideraciones legales:** asegúrate de conocer la legislación sobre cannabis de tu lugar de residencia –no compres cannabis donde no sea legal.

✳ **Utiliza una marca de confianza:** a la hora de comprar tu aceite de CBD, es importante que elijas marcas de confianza con experiencia en el suministro de concentrados de origen vegetal.

✳ **Contenido de CBD:** aunque parezca obvio, ¡tienes que comprobar que el producto que estás comprando realmente contiene CBD! Muchas tiendas venden aceite vegetal de semillas de cáñamo como aceite de cannabis o CBD, y no lo es. Y ten cuidado también con los productos etiquetados como aceite de semillas de cáñamo y aceite esencial de cáñamo, ya que no contienen CBD.

✳ **Fíjate en la etiqueta.** Debería contener la siguiente información:

▷ **Concentración de CBD.** Aunque personalmente he creado productos con hasta 10.000 mg de aceite de CBD por 30 ml, recomiendo una concentración de 300 mg de aceite de CBD por 30 ml para las recetas que veremos en este libro.

▷ **Número de lote:** el número de lote en la etiqueta sirve para asegurarnos de que el producto se puede rastrear hasta el fabricante en caso de que surja algún problema.

▷ **Fecha de caducidad:** es vital para poder evaluar la frescura del producto y asegurarse de utilizarlo antes de que caduque.

＊ **Informe de laboratorio/certificado de análisis (COA):** es muy importante buscar un Certificado de Análisis (COA) para el producto que te interesa, y deberías poder encontrarlo en el sitio web de la marca. Nos interesa conocer si el análisis ha sido realizado por un laboratorio acreditado: una buena indicación será si está acreditado de acuerdo con la Organización Internacional de Normalización (ISO). Este informe mostrará la concentración de CBD, de modo que es una buena forma de asegurarse de que el producto tiene realmente la concentración de CBD anunciada. Hay que tener en cuenta que el informe del laboratorio tiene que ser reciente, preferiblemente de los últimos 12 meses.

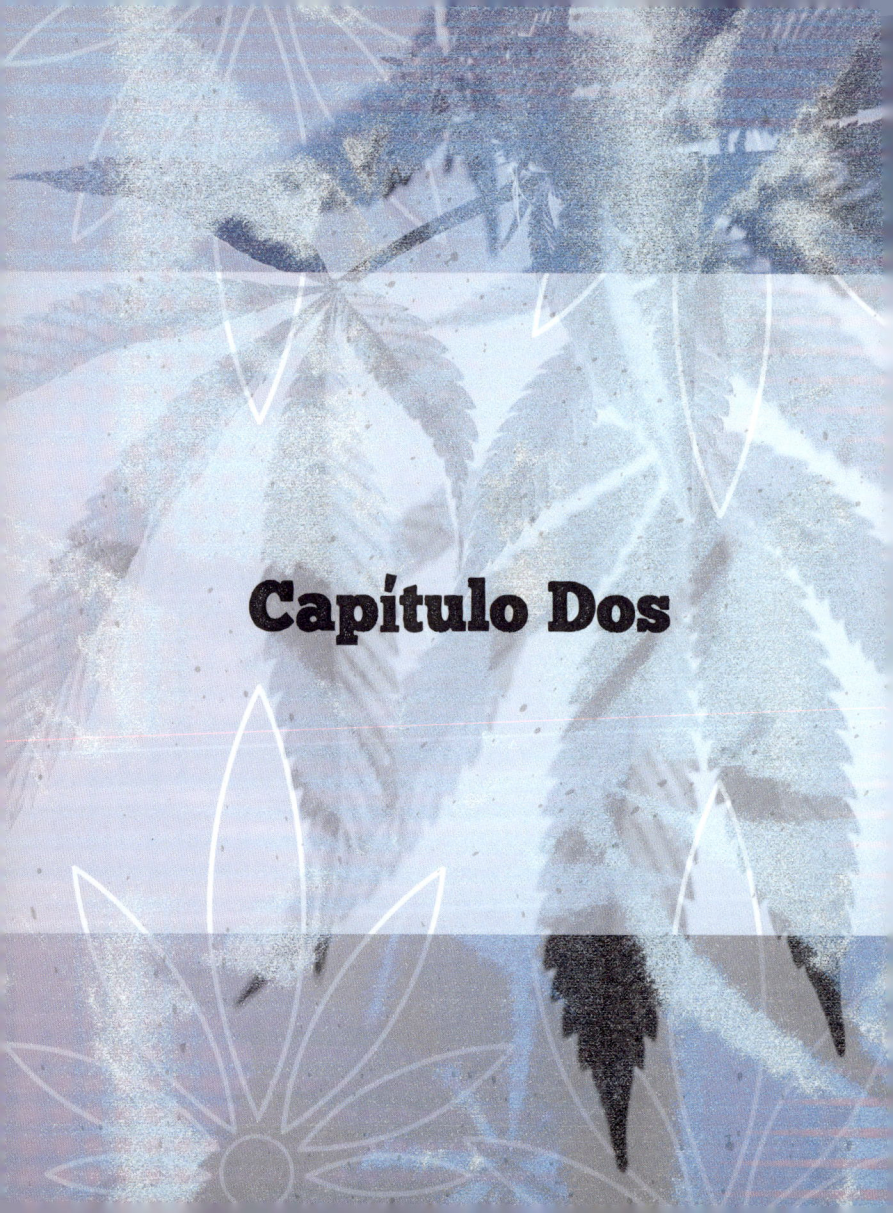

Capítulo Dos

CÓMO EL CBD NOS HACE MÁS SANOS Y FELICES

¿Cómo puede el CBD mejorar mi vida cotidiana?

El estrés y la ansiedad, el dolor y la falta de sueño son retos comunes a los que nos enfrentamos cada día y que afectan a nuestro desempeño diario. El estrés y el agobio se han convertido en algo tan "normal" que los aceptamos como parte de la vida cotidiana, pero no tienen por qué serlo. El CBD antiestrés, tomado diariamente, alivia el peso del agobio y reduce la presión del estrés.

Es importante puntualizar que algo de estrés es bueno, ya que nos mantiene alerta, concentrados y seguros. De hecho, el estrés es una herramienta de protección humana, pero en exceso agota nuestros sistemas inmunológico y nervioso. ¿Cómo encontrar entonces el punto óptimo de estrés? El CBD nos ayuda a regular nuestros niveles de estrés y nuestras reacciones; añadiendo CBD a tu rutina diaria de suplementos para la salud aliviarás las presiones de la ansiedad y el agobio.

Hazlo y observarás cómo el peso del estrés y el agobio se desvanecen hasta convertirse en un recuerdo lejano.

¿Qué es el estrés?

En la fábula de Esopo "El ratón de ciudad y el ratón de campo", este último huye apresuradamente de una cena lujosa pero caótica en casa del primero, exclamando: "¡Más vale un mendrugo comido en paz que un banquete en ansiedad!". Algunos tenemos la suerte de poder escaparnos al campo o a la costa cuando el estrés y las tensiones de la vida moderna nos superan. Pero el estrés, definido por el diccionario Webster como un estado de tensión corporal o mental resultante de factores que tienden a alterar un equilibrio existente, no siempre se queda atrás cuando intentamos huir de él. Nos sigue, vive dentro de nosotros, se auto-invita a nuestra mesa, estemos donde estemos.

El estrés es un fenómeno tanto físico como emocional: las hormonas de la "lucha o huida", la adrenalina y el cortisol, se liberan en el cuerpo cuando nos sentimos ansiosos, aumentando nuestro ritmo cardíaco y provocando una respiración rápida y superficial. Estas respuestas fisiológicas son útiles cuando nos enfrentamos a una amenaza real: más oxígeno en la sangre significa una mayor respuesta física. Pero si estos cambios en nuestro cuerpo duran más de lo adecuado para reaccionar ante el peligro, nos pueden provocar una serie de consecuencias adversas, como molestias estomacales, dolores de cabeza, insomnio y depresión. El resultado es que, para muchos de nosotros, la ansiedad se convierte en una pesada condición a largo plazo, en lugar de ser simplemente un mecanismo de supervivencia de corta duración.

El American Journal of Managed Care calcula que el coste anual de los trastornos de ansiedad oscila entre los 42.300 y los 46.600 millones de dólares, "de los cuales más del 75% pueden atribuirse a morbilidad, mortalidad, pérdida de productividad y otros costes indirectos". La ansiedad no controlada es tan cara para el estado como desgraciada para quien la padece. Como escribió San Agustín en las Confesiones: "El castigo de toda mente desordenada es su propio desorden".

ESTRÉS Y HORMONAS

El estrés es perjudicial para nuestra tensión arterial, nuestro estado mental y nuestra salud en general. El cortisol, junto con la adrenalina, interviene en la gestión de nuestra respuesta al estrés. El cortisol es una hormona producida en la glándula suprarrenal

que ayuda a regular el azúcar en sangre, el metabolismo, la inflamación y la formación de la memoria. Lo conocemos más comúnmente como "hormona del estrés", pues el cortisol se libera en momentos de estrés o crisis y, como resultado, cierra temporalmente los sistemas digestivo y reproductivo. En este sentido, es esencial para la supervivencia, ya que es responsable de controlar nuestra respuesta natural de "huida o lucha". Si producimos demasiado cortisol, podemos sufrir síntomas como aumento de peso, cambios de humor o mayor ansiedad. El CBD es capaz de reducir los niveles de cortisol, esta hormona asociada al estrés crónico.

CONTROLAR EL ESTRÉS Y LA ANSIEDAD CON CBD

Se calcula que unos 40 millones de adultos sufren trastornos de ansiedad en Estados Unidos, cifra en la que se incluyen trastornos de ansiedad generalizada, ansiedad social, pánico y fobias. El CBD está funcionando como una solución para ayudar con la ansiedad. De hecho, en 2018 el término "gominolas de CBD" fue la tercera búsqueda en Google relacionada con alimentos más popular del año.

La ansiedad nos ha acompañado a todos en algún momento vital u otro, y para algunos es una presencia constante en la vida cotidiana. En los últimos años, el cannabis y el CBD en particular han emergido como una solución eficaz a base de plantas. Pero, ¿cómo funciona?

Todo nos remite al sistema endocannabinoide. Como ya hemos dicho, la función principal del SEC es mantener un estado equilibrado y neutral llamado homeostasis. Se cree que el SEC ayuda a modular una amplia gama de procesos fisiológicos, como la sensación de dolor, la temperatura corporal, la memoria, el estado de ánimo, el apetito, el estrés, el sueño, el metabolismo, la función inmunitaria o la reproducción.

El SEC se comunica a través de una clase de compuestos llamados endocannabinoides, que son mensajeros producidos naturalmente por el cuerpo que se unen a receptores especiales llamados CB1 y CB2. Los cannabinoides como el CBD que encontramos en la planta de cannabis y cáñamo son similares a los endocannabinoides, y tienen la capacidad de interactuar con esos receptores. El SEC actúa en muchas partes del cuerpo, pero cuando se trata de modular el estrés y la ansiedad, trabaja principalmente con el cerebro. Existen circuitos en nuestro cerebro que participan en la generación de cambios en los estados de comportamiento. La mayor parte de esta actividad se produce en la parte del cerebro llamada amígdala, que reacciona ante peligros reales y percibidos, como por ejemplo falsas alarmas que provocan ansiedad, lanzando una respuesta de lucha o huida: el corazón late más deprisa, la respiración se acelera, los músculos se tensan y una voz interna grita ¡corre!

Pero a su vez el cuerpo tiene un sistema de anulación: el SEC. La investigación ha puesto de manifiesto que cuando el cerebro lanza una respuesta de estrés, el SEC puede poner el freno: los endocannabinoides se implican en mantener la amígdala menos activa para que no produzcamos estrés o ansiedad cuando no hay un peligro o amenaza real.

Pero el SEC no funciona por sí solo. Al unirse al receptor CB1, los endocannabinoides también ayudan a transmitir mensajes a otros neurotransmisores implicados en la producción o prevención de la ansiedad. Esta función es tan vital como delicada, pues los investigadores han descubierto que la exposición repetida al estrés puede hacer que el SEC se queme. Esto explica  por qué las personas sometidas habitualmente a estrés crónico son más vulnerables a los trastornos de salud mental relacionados con el estrés, como la ansiedad.

¿POR QUÉ ES TAN IMPORTANTE EL CBD ANTE EL ESTRÉS Y LA ANSIEDAD?

El CBD interactúa con los receptores 5-HT1A y TRPV1, que ayudan a regular el miedo y la ansiedad. Además, se sabe que el sistema endocannabinoide desempeña un papel crucial en la regulación del estado de ánimo, y un sistema endocannabinoide disfuncional se asocia a un deterioro de la regulación del miedo.

Una revisión sistemática del CBD clínico sugiere que puede ser eficaz para reducir la ansiedad generalizada, la ansiedad social, el trastorno de pánico, el trastorno obsesivo compulsivo y el trastorno de estrés postraumático, y podría mitigar la ansiedad inducida por el THC. De hecho, en 2019 se publicó un estudio que examinó la eficacia del CBD para el tratamiento de la ansiedad y los trastornos del sueño, observando que las dosis de CBD oscilaban entre 25 mg y 175 mg/día: los enfermos de ansiedad respondieron mejor a las dosis más bajas y aquellos con trastornos del sueño respondieron mejor a las dosis más altas.

¿CÓMO PUEDE AYUDAR EL CBD?

Cuando sufrimos estrés o ansiedad, lo ideal es tratar de controlar los síntomas a la vez que buscamos soluciones a los problemas que nos preocupan. Para alcanzar una sensación de equilibrio, en la que nuestros problemas reales o percibidos no se nos hagan un mundo, necesitamos calma, y ésta proviene de la relajación y el sueño reparador. Se sabe que el CBD promueve la calma, dándonos acceso, por tanto, a las herramientas terapéuticas que nos pueden conducir a la auto-curación. Pero, ¿cómo funciona?

Para mantener la homeostasis (nuestro estado interno de equilibrio físico) el cuerpo utiliza un complejo proceso de señalización celular conocido como sistema endocannabinoide. Nuestro cuerpo crea de forma natural moléculas endocannabinoides, que se unen a los receptores de nuestros sistemas

nerviosos central y periférico cuando la homeostasis se ve alterada por una enfermedad, una lesión o un trastorno emocional. O dicho de otro modo, el SEC se comporta como un servicio de emergencia dentro de nuestro propio cuerpo, respondiendo a las crisis siempre que sea necesario. Asimismo, se cree que el CBD modifica la capacidad de los receptores para unirse a los cannabinoides y también evita que sean descompuestos por las enzimas del cuerpo, lo que les permite tener efectos beneficiosos más duraderos, como la sensación de bienestar y serenidad que resulta de un equilibrio holístico de mente, cuerpo y espíritu.

También se especula en la comunidad científica con la posibilidad de que algunas personas sufran una afección denominada deficiencia clínica del sistema endocannabinoide, para la que el CBD parecería ser una solución segura, lógica y natural.

USO DEL ACEITE DE CBD PARA REDUCIR EL ESTRÉS Y LA ANSIEDAD

Ingerir CBD por vía oral puede proporcionar un alivio duradero y sistémico para la ansiedad entre moderada y grave, y que afecta a la calidad de vida del paciente. Además, ingerirlo de forma constante durante un periodo de tiempo puede reducir la inflamación y la ansiedad crónica y no induce tolerancia a los analgésicos.

Si necesitas un alivio de acción prolongada o no toleras la administración oral (quizás el sabor no sea precisamente de tu agrado), puedes considerar la posibilidad de una aplicación transdérmica, como un parche. Los parches transdérmicos de CBD pueden proporcionar de 8 a 12 horas de liberación constante de cannabinoides.

Por su parte, la inhalación puede ser una buena opción para pacientes que sufren ataques de pánico o ansiedad extrema, ya que esta vía puede aliviar rápidamente la ansiedad y dar a los pacientes mayor control sobre su dosis (se puede inhalar CBD y experimentar un alivio potencial en cuestión de minutos). Los productos tópicos también pueden proporcionar cierto alivio de los síntomas de ansiedad, pero no tanto como otros métodos, ya que no actúan de forma sistémica. También el uso de CBD con aceites esenciales en un producto tópico puede ser muy eficaz.

Según las investigaciones realizadas, una dosis baja de 50 a 75 mg de aceite de CBD al día puede reducir la ansiedad y mejorar la calidad del sueño en un mes. La podemos tomar por vía oral en aceites y tinturas de frascos con cuentagotas, en gominolas masticables, o en cápsulas, sprays

o vapes. Además, a diferencia del THC, el CBD apenas produce efectos secundarios y la Organización Mundial de la Salud lo considera seguro.

A la hora de decantarse por una de estas opciones, conviene tener en cuenta el tipo de estrés y ansiedad que se necesita aliviar. Por ejemplo, la vaporización libera CBD en el torrente sanguíneo más rápidamente que la ingestión de aceite o gominolas, de modo que puede ser el mejor método de consumo antes de situaciones que induzcan a la ansiedad, como hablar en público o la interacción social. Si lo que buscamos es un sueño reparador o la calma y relajación cotidianas, la ingestión puede resultar más adecuada. Hay que comenzar con dosis bajas y llevar un seguimiento de la respuesta del cuerpo. Aunque se ha demostrado que dosis altas de CBD al día (como 600 mg) son eficaces para tratar trastornos postraumáticos, por ejemplo, una dosis mucho más baja, de tan solo 25 mg, puede ser un buen (y mucho menos costoso) punto de partida.

Escapa de esa abrumadora sensación de ansiedad como hizo nuestro sabio ratón de campo: huye a la orilla del mar, al campo o al parque local siempre que puedas. Come con sensatez, haz ejercicio, medita, escribe un diario y busca personas e interacciones positivas que te ayuden en tu búsqueda del alivio de la ansiedad. Añade CBD a este modo de vida equilibrado y vive la vida sin ansiedad, como te mereces.

DOSIFICACIÓN DEL CBD PARA EL ESTRÉS Y LA ANSIEDAD

Las personas con ansiedad constante pueden conseguir mejores resultados con un régimen oral de acción prolongada en comparación con métodos de consumo más rápido y duración más corta. No obstante, para los que sufren ansiedad asociada a ataques agudos de dolor, la inhalación les puede ayudar a conseguir alivio en cuestión de minutos y prevenir una mayor ansiedad, aunque es cierto que podrían considerar múltiples vías de administración para un manejo más completo de los síntomas.

Según un estudio publicado en 2019, una cápsula de 25 mg de CBD, tomada diariamente, redujo significativamente la ansiedad en 47 de los pacientes que presentaban la preocupación principal de ansiedad. Si se utiliza THC, las dosis bajas (1-5 mg) pueden ser eficaces para reducir la ansiedad, aunque es importante tener en cuenta que si se toma THC, las dosis de 10 mg o más de THC pueden exacerbar la ansiedad.

Busca consejo médico si usas CBD o cannabis para tratar la ansiedad, especialmente si estás tomando medicación con receta.

Por último, una de cada tres personas vive diariamente con algún grado de ansiedad. Apoyémonos en las capacidades y defensas naturales de nuestro cuerpo para mejorar nuestra salud mental, y nunca nos olvidemos de que la vida es complicada y que todos los días nos enfrentamos a retos, pero hagas lo que hagas hoy, es suficiente, porque todos somos suficientes.

Explorando el sueño y el CBD

Cada vez más personas sufrimos trastornos del sueño. Éstos pueden estar asociados a muchos factores, como la ansiedad, el dolor crónico, la depresión, los desequilibrios hormonales, el estrés, la edad, el sexo o el abuso de sustancias, por nombrar algunos. Los riesgos asociados con el insomnio persistente incluyen un mayor riesgo de eventos cardiovasculares, disminución de la inmunidad, diabetes, obesidad, asma y convulsiones.

Muchos ya estamos recurriendo al CBD como un tratamiento eficaz, con pocos o ningún efecto secundario, para una serie de trastornos del sueño, pues restaura el ciclo natural del sueño, que no está sincronizado con los ajetreados horarios de nuestro estilo de vida actual.

Nuestro sistema endocannabinoide es el responsable de regular nuestro sueño, además de tener muchas otras funciones que también influyen en la salud de nuestro sueño. Por tanto, alcanzar una mejor relación con el sueño empieza por buscar el equilibrio dentro de nuestro sistema endocannabinoide.

¿QUÉ OCURRE EN EL CEREBRO DURANTE EL SUEÑO?

Sabemos que las sustancias químicas del cerebro están muy implicadas en nuestro ciclo de sueño. Los neurotransmisores son sustancias químicas que ayudan a los nervios a comunicarse, y controlan si estamos despiertos o dormidos, en función de

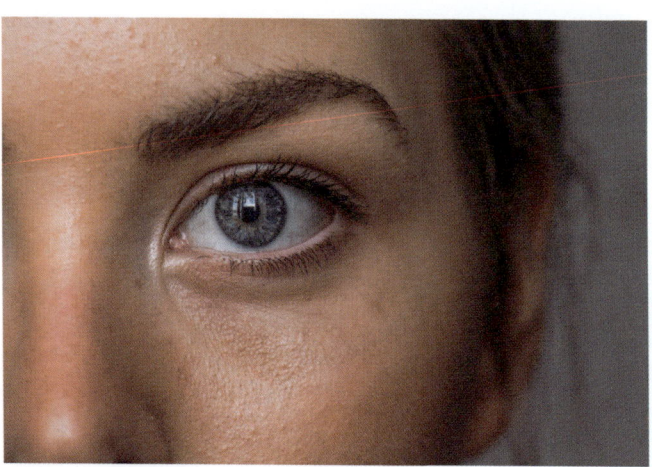

las neuronas sobre las que actúen. Las neuronas del tronco encefálico producen unos neurotransmisores llamados serotonina y norepinefrina, encargadas de mantener activo nuestro cerebro cuando estamos despiertos, mientras que las neuronas situadas en la base del cerebro son las responsables de que nos durmamos, actuando como si apagasen las señales que nos mantienen despiertos.

Un sistema endocannabinoide optimizado, alimentado por CBD, ayuda a regular estas neuronas y favorece un sueño ininterrumpido. Ten en cuenta que si no duermes lo suficiente y bien, tu salud se resentirá. La melatonina de la glándula pineal es responsable del ritmo circadiano, esto es, de cuándo dormimos y nos despertamos, y de la gestión de nuestros niveles de energía. La mayoría de personas la tiene más alta por la noche y más baja por la mañana. Un sistema endocannabinoide sano es vital para la calidad y el bienestar del sueño.

LOS MECANISMOS DEL SUEÑO

Para entender los beneficios y el poder potencial del CBD a la hora de abordar los problemas del sueño, es necesario comprender primero la complejidad del sueño en sí. Sabemos que las sustancias químicas del cerebro están muy implicadas en nuestro ciclo del sueño. Los neurotransmisores son sustancias químicas que ayudan a los nervios a comunicarse, y controlan si estamos despiertos o dormidos, en función de sobre qué neuronas –nuestras células nerviosas– actúen. Hay neuronas en el tronco

encefálico, donde se unen el cerebro y la médula espinal, que producen unos neurotransmisores llamados serotonina y norepinefrina, encargadas de mantener activo nuestro cerebro cuando estamos despiertos, mientras que las neuronas situadas en la base del cerebro son las responsables de que nos durmamos, actuando como si apagasen las señales que nos mantienen despiertos.

Cuando dormimos, nuestro cerebro pasa por ciclos naturales de actividad. En un sueño sano, nuestro descanso se divide en cuatro etapas que se repiten: tres de sueño NREM (movimiento ocular no rápido) y una de sueño REM (movimiento ocular rápido).

El sueño NREM es el que se produce en primer lugar e incluye tres etapas, la tercera de las cuales es la más profunda y es vital para nuestra recuperación eficaz. Es difícil despertarse en esta etapa. Le sigue el intenso estado de sueño de la fase REM, durante la cual nuestro cuerpo se paraliza temporalmente y la actividad cerebral aumenta notablemente. La fase REM se prolonga durante la noche hasta la vigilia y puede ser bastante intensa, como si nos preparara para el ajetreado día que tenemos por delante con algunos ensayos mentales gimnásticos.

Como decimos, durante el sueño el cuerpo pasa por las fases NREM y REM. El ciclo de sueño comienza con la fase 1 del sueño NREM, pasa por las demás fases del sueño NREM, y sigue con un breve periodo de sueño REM, volviendo entonces a empezar con la fase 1. Un ciclo de sueño completo dura entre 90 y 110 minutos. El primer periodo REM es breve, pero a medida

que avanza la noche, tendrás un sueño REM más largo y menos sueño profundo.

Analicemos ahora en profundidad las tres etapas que componen el sueño NREM. La primera consiste en un sueño ligero que dura entre cinco y diez minutos. Todo empieza a ralentizarse, incluidos los movimientos oculares y la actividad muscular. Los ojos permanecen cerrados. Si te despiertas de la fase 1 del sueño, puedes tener la sensación de no haber dormido nada, puede que recuerdes fragmentos de imágenes o, a veces, incluso puedes tener la sensación de que estás empezando a caer y luego experimentar una contracción muscular repentina. Los profesionales sanitarios denominan a este movimiento sacudida hipnótica o mioclónica. Las sacudidas hipnóticas son frecuentes y no son motivo de preocupación, ya que es poco probable que causen complicaciones o efectos secundarios.

Por su parte, la fase 2 es el periodo de sueño ligero que presenta periodos de tono muscular (contracción parcial de los músculos) combinados con periodos de relajación muscular. En esta fase, el movimiento de los ojos se detiene, el ritmo cardíaco disminuye, la temperatura corporal baja y las ondas cerebrales se vuelven más lentas. Ocasionalmente, se produce una ráfaga de ondas rápidas denominadas husos del sueño y el cuerpo se prepara para entrar en el sueño profundo.

El sueño profundo constituye la fase 3. Durante esta fase, el cerebro produce ondas delta, ondas cerebrales muy lentas. Es difícil que alguien te despierte durante esta fase, en la que no tienes

movimiento ocular ni actividad muscular. Eso sí, si te despiertan, puedes sentirte aturdido y desorientado durante unos minutos. Durante las fases NREM, el cuerpo fortalece huesos y músculos, repara y regenera tejidos y refuerza el sistema inmunitario. A medida que envejecemos, el sueño NREM disminuye, de forma que los adultos mayores tienen menos sueño profundo que los jóvenes.

Por otro lado, al entrar en el sueño REM, la actividad cerebral vuelve a aumentar, lo que significa que el sueño no es tan profundo, retomando niveles de actividad como cuando estás despierto. Por eso, el sueño REM es la etapa en la que tendrás sueños intensos. Al mismo tiempo, los músculos principales que normalmente controlas (como brazos y piernas) no pueden moverse. Alcanzamos el sueño REM normalmente una hora y media después de dormirnos. El primer periodo REM dura unos diez minutos, pero cada fase REM que sigue es cada vez más larga.

La cantidad de sueño REM que experimentamos va cambiando con la edad: el porcentaje de sueño REM es mayor durante

la infancia y la niñez temprana, disminuye durante la adolescencia y la juventud y se reduce aún más a medida que envejecemos. Durante el sueño REM aumenta la actividad cerebral y la relajación muscular, y el cuerpo experimenta una serie de cambios, como una respiración más rápida, un aumento de la frecuencia cardiaca y de la presión arterial, erecciones del pene y movimientos oculares rápidos.

Hay que resaltar que las señales químicas del cerebro influyen en nuestros ciclos de sueño y vigilia, de modo que cualquier cosa que altere el equilibrio de estos neurotransmisores puede hacernos sentir más somnolientos o más despiertos. Por ejemplo, el alcohol puede ayudar a conciliar un sueño ligero, pero reduce las fases más profundas del sueño y el sueño REM y provoca más interrupciones del sueño. Hay que tener cuidado con la cafeína y la pseudoefedrina, ya que pueden estimular el cerebro y, con ello, provocar insomnio, es decir, incapacidad para conciliar el sueño. Por tanto, debemos vigilar las bebidas con cafeína, como el café, y los medicamentos, como las pastillas para adelgazar y los descongestionantes. Medicamentos como los antidepresivos pueden provocar menos sueño REM. Las personas que fuman mucho a menudo duermen poco y tienen menos sueño REM.

De hecho, puede que se despierten al cabo de unas horas porque experimentan síndrome de abstinencia a la nicotina. Las temperaturas muy frías o muy calientes también pueden alterar el sueño REM, ya que somos menos capaces de regular la temperatura corporal durante el sueño REM.

HORMONAS DEL SUEÑO

Si no duermes lo suficiente, tu salud se resentirá. La melatonina de la glándula pineal es responsable del ritmo circadiano, esto es, de cuándo dormimos y nos despertamos, y de la gestión de nuestros niveles de energía. La mayoría de personas la tiene más alta por la noche y más baja por la mañana. Un sistema endocannabinoide alimentado por CBD puede afectar a la estabilidad del sueño, a la rapidez con la que te duermes y aumentar el nivel de melatonina producida.

APOYARSE EN EL CBD PARA CONCILIAR EL SUEÑO

Debido a su eficacia para tratar trastornos físicos y emocionales, el CBD relaja y ayuda a conciliar el sueño de forma más fácil y

saludable. Los cannabinoides también provocan la liberación de la adenosina ("sustancia química del sueño"), que suprime el sistema de excitación del cerebro y favorece esa agradable sensación de somnolencia que todos anhelamos cuando queremos descansar. No obstante, hay que ir con cuidado ya que hay pruebas que sugieren que en dosis más altas, el CBD puede tener efectos contrarios, provocando una somnolencia aún más profunda. Se cree que el THC reduce la duración de los ciclos de sueño REM, dentro de los cuales experimentamos nuestros sueños más intensos, y también procesamos el flujo de datos mentales de nuestra vida diaria. Esto podría parecer una buena noticia para los enfermos de TEPT (trastorno de estrés postraumático), para quienes los sueños a menudo se convierten en pesadillas, pero no hay que olvidar que nuestros ciclos REM también son importantes para regular nuestro sistema inmunológico y mantener una cognición sana, de modo que es preciso encontrar un equilibrio entre la dosis adecuada y los beneficios deseados.

Lo mismo ocurre con el CBD, que para algunas personas produce un efecto estimulante con dosis bajas (lo que puede hacerlo adecuado para el tratamiento de afecciones como el trastorno de somnolencia diurna excesiva). La clave está en empezar con dosis moderadas e ir anotando diariamente nuestras sensaciones sobre cómo están respondiendo nuestro cuerpo y mente. Podemos ver efectos notables en la calidad de nuestro sueño con tan solo 25 mg de aceite de CBD al día, tomados por vía oral como tintura o masticados como gominola.

Antes de plantearnos un régimen de CBD, debemos analizar nuestra higiene del sueño, incluidos los hábitos previos al sueño, el ciclo sueño-vigilia, todas las molestias relacionadas con el sueño y el impacto de estos acontecimientos durante nuestra actividad diaria. También debemos precisar cuál es el momento oportuno para consumir CBD para dormir. A algunas personas les puede hacer efecto en una hora, mientras que otras deberán esperar entre dos y tres horas. También puede ocurrirnos que sus efectos nos afecten durante más tiempo del previsto y nos provoquen somnolencia por la mañana. Según mi experiencia, una hora antes de acostarse es el momento ideal para tomar CBD. Hará efecto durante unas tres o cuatro horas, ayudándote a conciliar el sueño. Es de vital importancia que busques consejo médico si usas cannabis para tratar trastornos del sueño, especialmente si estás tomando medicación con receta.

Si se utiliza con cuidado y paciencia, el CBD puede ayudarnos a salir del bucle en el que nuestras preocupaciones nos

sumergen, y protegernos así de los trastornos de la inquietud y el insomnio.

¿POR QUÉ ES IMPORTANTE LA CALIDAD DEL SUEÑO?

"…El inocente sueño,

El sueño que teje sin cesar la maraña de las preocupaciones,

La muerte del ir viviendo cotidiano, baño de la fatiga,

Bálsamo de las heridas de la mente, plato fuerte en la mesa de la naturaleza,

Principal alimento del festín de la vida".

Este extraordinario pasaje de Macbeth, de Shakespeare, pronunciado por el apesadumbrado asesino protagonista de la obra después de haber cometido el primero de sus horribles crímenes –teme haber asesinado al sueño mismo, así como a sus víctimas– es la evocación más hermosa de la literatura de la sagrada importancia del sueño en nuestras vidas. El sueño reconstruye nuestras mentes, alivia nuestro dolor, nutre nuestras almas. Sin él, estamos incompletos.

De acuerdo con el Servicio Nacional de Salud del Reino Unido, "dormir mal con regularidad supone un riesgo de padecer enfermedades graves, como obesidad, cardiopatías coronarias y diabetes, y acorta la esperanza de vida". En la misma línea, un estudio de RAND Europe estima en más de 400.000 millones de dólares el coste para la productividad de Estados Unidos de las horas de sueño perdidas, y en más de un millón

de días laborables estadounidenses. Conclusión: la falta de sueño afecta por igual a nuestro cuerpo y a nuestro bolsillo.

Dormir debería ser fácil estando cansados, pero la realidad de nuestras ajetreadas vidas es que a menudo nos resulta casi imposible aun estando realmente agotados. Además de las enfermedades, los trastornos del sueño y los medicamentos, el estrés y la ansiedad pueden amenazar regularmente este "bálsamo para las mentes doloridas", y negarnos el alivio del malestar que estas afecciones han provocado por sí mismas.

Dolor, inflamación y CBD

El CBD posee potentes propiedades terapéuticas antiinflamatorias para la piel y el cuerpo, y puede ayudarnos a aliviar el dolor principalmente por cuatro vías. Combate la inflamación, que contribuye al dolor; reduce la ansiedad, que a menudo se experimenta junto con el dolor crónico; e interrumpe los mensajes de "me duele" que nuestro cuerpo envía al cerebro, disminuyendo así nuestra percepción del dolor. Asimismo, el CBD puede proporcionar analgesia al afectar a la forma en que los nervios comunican las señales de dolor. ¿No te parece un ingrediente vegetal bastante inteligente?

El dolor crónico es una de las principales razones por las que la gente recurre al cannabis medicinal y al CBD. Su efecto analgésico ha sido objeto de sólidas investigaciones, tanto desde el punto de vista farmacológico como clínico. Se ha descubierto que la activación del sistema endocannabinoide mediante CBD, tanto a nivel central como periférico, reduce tanto la percepción del dolor como la inflamación que desencadena la señal de dolor. Combinado con los efectos de los cannabinoides en los muchos otros sistemas receptores mencionados anteriormente que intervienen en la señalización y percepción del dolor, esto significa que los cannabinoides constituyen una variedad de vías que contribuyen al alivio del dolor.

Hay una serie de receptores y procesos implicados en la experiencia del dolor, muchos de los cuales se ven influidos por el CBD. Como analgésico, el CBD es capaz de actuar sobre la percepción del dolor activando los receptores endocannabinoides, lo que también reduce la nocicepción, es decir, la detección de estímulos dolorosos. No solo influye en la percepción del dolor, sino también en su causa. El daño tisular y la hinchazón que conlleva la inflamación provocan dolor a través de la liberación

de citoquinas y de diversos compuestos similares a las hormonas que nuestro cuerpo utiliza para enviar señales de dolor.

El dolor neuropático suele estar causado por daños en el sistema nervioso, ya sea por traumatismo, estrés, quimioterapia o infección. En este caso puede producirse un aumento de la liberación de neurotransmisores como el glutamato, que puede provocar sensaciones de dolor y daño nervioso, lo que a su vez puede provocar que las células nerviosas circundantes aumenten su actividad. El CBD ha demostrado ser un agente eficaz también en este caso, ya que estimula el disparo de fibras nerviosas A-beta más rápidas, que aumentan las endorfinas y reducen la percepción del dolor crónico. Hay otra categoría que es el dolor disfuncional, en la que no hay daños aparentes en el sistema nervioso ni inflamación, pero sigue sufriéndose dolor intenso. También se ha descubierto que el CBD alivia los síntomas de estas afecciones en muchos casos.

Otro campo en el que se está utilizando eficazmente el CBD para tratar el dolor es en el alivio del tratamiento del cáncer, especialmente cuando se tratan los efectos secundarios de la quimioterapia. Asimismo, es una solución popular para el dolor artrítico y las migrañas. La dosis de CBD para cada caso es única, pero 5-10 mg de CBD al día parece ser un buen punto de partida.

CBD, sexo y confianza

¡El CBD y el sexo son mejores amigos! El CBD aumenta el flujo sanguíneo a los tejidos, lo que incrementa la sensibilidad nerviosa, ayudando a que el sexo sea más placentero a la vez que intensifica el orgasmo. También favorece la lubricación natural del propio cuerpo. No hay que olvidar que el CBD ayuda a reducir la ansiedad, ayudándote a escapar de las preocupaciones y a conectar con tu yo sexual. Pero es cuando comprendemos nuestra propia capacidad de tener confianza sexual, cuando realmente empiezan a ir bien las cosas.

La confianza sexual no tiene que ver con lo bueno que eres en la cama, sino con lo cómodo que te sientes en tu cuerpo. Sentirse a gusto en el cuerpo de uno no siempre es algo natural ni fácil, y desde luego no siempre se consigue. Pero una cosa es segura: sentirse seguro y cómodo en la propia piel empieza por el amor propio, el aprecio por uno mismo y la auto-aceptación.

El nivel de filosofía, teoría y conversación intelectual en torno a la confianza sexual, el bienestar sexual y el crecimiento sexual ha aumentado exponencialmente en los últimos años y ya no es un tema tan tabú. Esto es una gran noticia, especialmente para las mujeres, cuyos cuerpos están diseñados para evolucionar, para crear milagros y para servirnos de maneras que son profundamente desafiantes pero también asombrosamente bellas. No vamos a entrar ahora en la psicología de la confianza sexual, pero hay un dato que me parece muy interesante y que puede que te ayude a comprender mejor tu propia confianza sexual, independientemente de tu sexo, edad o preferencias sexuales.

Existe un concepto en la educación sexual relacionado con nuestro deseo sexual (o la falta de él) que es fascinante, y que va relacionado con dos cosas: nuestros aceleradores sexuales y nuestros frenos sexuales.

Si, por naturaleza, pisas a fondo el acelerador sexual y tiendes a desear el sexo y a disfrutar de él, encontrarás excitantes los pequeños detalles de tu pareja y tendrás un mayor interés por el sexo en general. Por otro lado, los frenos sexuales pueden estar influidos por factores internos o externos: pueden ser provocados por el estrés, la necesidad de protección, un trauma, un entorno inseguro o incómodo, o simplemente porque no te sientes bien.

Todos tenemos un acelerador sexual y un freno sexual; ambos son importantes y tenemos diferentes niveles de ambos, que pueden ir cambiando a lo largo de nuestra vida, dependiendo de muchos factores.

Independientemente de la sintonía que tengas con tu acelerador o tu freno, la clave es la confianza en ti mismo, ya que puede alimentar el acelerador y reforzar la autoestima, aunque mantiene los frenos a mano en caso de que necesitemos crear límites seguros. Y recuerda: ¡los límites son sexys!

La gran noticia es que el CBD es un maravilloso aliado para el sexo, pero también lo es para reforzar la confianza en uno mismo, ya que reduce nuestro estrés y crea espacio en nuestra mente para nuestra práctica del amor propio.

Recuerda también que el CBD es un potente antiinflamatorio y puede aumentar el flujo sanguíneo a la vez que ayuda a relajar los músculos. Estas propiedades hacen del CBD un gran lubricante natural para el sexo, lo que hace que muchas mujeres experimenten una mayor sensación y mejores orgasmos utilizando CBD como lubricante.

EL CBD Y TU LÍBIDO

El CBD puede ayudarte en la cama y tener un efecto positivo sobre tu libido. Hay muchos informes e investigaciones que apoyan la teoría de que el CBD puede potenciar la libido y aumentar la lubricación durante las relaciones sexuales. Ya hemos mencionado que el CBD es un antiestrés y reduce drásticamente la ansiedad, lo que desde luego ayudará a un mejor estado mental desde el punto de vista sexual. Pero antes de que salgas corriendo a comprar productos de CBD para la mesita de noche, vamos a analizar lo que realmente demuestra la evidencia científica y a descubrir cómo creen los investigadores que afecta el CBD a nuestro cuerpo.

El ESC, aunque no se descubrió hasta principios de los 90, es un complejo sistema de señalización celular conectado a todo nuestro cuerpo, así como a los órganos reproductores y al tejido sexual. Nuestro cuerpo produce cannabinoides de forma natural, llamados endocannabinoides. También producimos dos receptores llamados CB1 y CB2, que se encuentran en el ESC. Los receptores CB2 se encuentran a menudo en nuestras células inmunes y afectan principalmente

al dolor y la inflamación, mientras que los receptores CB1 se encuentran más comúnmente en el cerebro.

En diciembre de 2013 se publicó un estudio cuyos resultados mostraban una relación significativa entre las concentraciones de endocannabinoides y la excitación sexual femenina. Hay poca investigación científica disponible sobre los lubricantes de CBD, así que la mayor parte de lo que sabemos sobre los lubricantes de CBD y el placer sexual es anecdótico. No obstante, sí que sabemos que uno de los ingredientes estrella en muchas líneas de cuidado de la piel hoy en día es el CBD, debido a sus propiedades antiinflamatorias y terapéuticas cuando se aplica tópicamente. Cuando se ingiere, tiene las mismas propiedades antiinflamatorias.

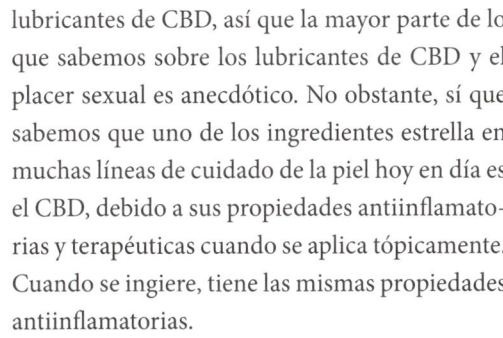

Una encuesta reciente llevada a cabo por Remedy Review encuestó a más de 1.000 personas: los resultados mostraron que el 68% de la gente dijo que el CBD mejoraba su experiencia sexual. Añadir un lubricante con infusión de CBD podría hacer que el sexo sea más cómodo y mejorar el rendimiento sexual, aliviando la incomodidad de aquellos que luchan contra la sequedad y el sexo doloroso al aumentar el flujo

sanguíneo a los tejidos; aumentar la sensibilidad y promover las propias lubricaciones naturales del cuerpo.

La ansiedad acerca de nuestro rendimiento sexual es normal y común en todos nosotros en diferentes momentos de nuestra vida. Cuando la ansiedad sexual entra por la puerta, nuestra libido sale por la ventana, añadiendo más estrés y ansiedad en la cama. El deseo sexual puede aumentar cuando se calma esta ansiedad. Algunos científicos creen que el CBD puede afectar al deseo sexual directamente en el cerebro. De hecho, un reciente estudio abierto y aleatorio de 21 heterosexuales evaluó las propiedades afrodisíacas del cannabis, concluyendo que el consumo de cannabis puede ser útil para las personas con un bajo deseo sexual.

¿QUÉ PASA CON NUESTRAS HORMONAS?

Nuestras hormonas son fuerzas increíblemente poderosas dentro de nuestra biología. Afectan e influyen en nuestro estado de ánimo, apetito, fertilidad, deseo sexual, metabolismo y niveles de energía. Asimismo, forman una red de comunicación que da y recibe una retroalimentación constante, lo que ayuda a mantener nuestra función corporal óptima y la homeostasis. Tenemos desequilibrio hormonal cuando se rompe esta red de comunicación. El CBD alimenta nuestro sistema endocannabinoide, cuyo trabajo es, literalmente, restaurar y mantener la homeostasis.

Nuestras hormonas son responsables de prácticamente todas las funciones de nuestro cuerpo. Las hormonas son sustancias químicas segregadas por nuestras glándulas para enviar "mensajes" a través del torrente sanguíneo, que indican a nuestros órganos lo que deben hacer para mantenernos vivos y sanos. Cuando pensamos en "hormonas", normalmente pensamos en las hormonas sexuales, la testosterona o el estrógeno, pero en realidad existen más de 50 hormonas diferentes circulando por nuestro cuerpo.

Cuando nuestras hormonas están equilibradas y funcionan en sincronía, no las notarás, por supuesto, y eso es bueno. Pero cuando están desequilibradas es cuando puedes empezar a ver problemas de salud en cascada. Los desequilibrios hormonales se deben a que el cuerpo produce muy poca o demasiada cantidad de una hormona o de una serie de hormonas. Hay muchas hormonas, como la insulina o la adrenalina, que todo el mundo comparte, pero hay hormonas específicas que pueden afectar a hombres y mujeres de formas distintas. Por ejemplo, las mujeres pueden sufrir un desequilibrio en los niveles de estrógenos y progesterona,

mientras que los hombres pueden experimentar un desequilibrio en la testosterona.

Seguro que has experimentado –o es probable que experimentes– un desequilibrio hormonal en algún momento de tu vida, especialmente si padeces algún trastorno endocrino. La edad y el estilo de vida también son factores que influyen. Los síntomas de un desequilibrio hormonal pueden variar mucho, ya que cada hormona es responsable de su función de forma única.

LAS HORMONAS PRINCIPALES

El estrógeno es una de las principales hormonas sexuales de la mujer. Es cierto que los hombres también tienen estrógenos, pero segregan cantidades menores y no experimentan los mismos efectos de los estrógenos que las mujeres. En las mujeres, los estrógenos son los responsables de los cambios físicos de la pubertad, de la regulación del ciclo menstrual y del mantenimiento de los huesos, el corazón y el estado de ánimo durante el embarazo. Y tanto en el hombre como en la mujer, los estrógenos ayudan a regular el colesterol y la salud ósea.

Popularmente se cree que la progesterona es una hormona propia de las mujeres, pero los hombres también tienen progesterona. Para las mujeres, la progesterona es crucial en la menstruación y en el apoyo a las primeras etapas del embarazo. En los hombres, la progesterona contribuye a la fertilidad y equilibra los efectos de los estrógenos en el organismo.

Por su parte, la testosterona es la principal hormona sexual masculina. Las mujeres también tienen testosterona, pero en menor cantidad y no experimentan los mismos efectos que los hombres. En los hombres, la testosterona favorece los cambios físicos de la pubertad, contribuyendo a agravar la voz y al crecimiento de los genitales, el vello y los músculos. En las mujeres, la testosterona favorece la salud ósea y el tejido reproductivo.

La hormona insulina es producida por el páncreas y permite que los músculos, la grasa y el hígado absorban la glucosa, también denominada azúcar en sangre, y descompongan la

grasa y las proteínas para regular el proceso metabólico. Un desequilibrio no solo puede causar diabetes, sino también enfermedades cardíacas y obesidad. Sabemos que el consumo de cannabinoides parece estar relacionado con la reducción de los niveles de azúcar en sangre. Además, las investigaciones demuestran que cuando las personas diabéticas consumen cannabis medicinal, pueden reducir sus dosis de medicamentos para la diabetes o la insulina, ya que los cannabinoides reducen la glucosa en sangre.

La función principal del sistema endocannabinoide es controlar cómo el cuerpo libera los neurotransmisores que afectan a los impulsos nerviosos. Se sabe que el ESC regula el estrés, el estado de ánimo, la memoria, la fertilidad, el crecimiento óseo, el dolor y la función inmunitaria, entre otras cosas. El CBD interactúa con el ESC y con muchos otros receptores del cuerpo, y puede influir en las principales hormonas, como la insulina, el cortisol y la melatonina. La forma en que el CBD y el ESC se relacionan es complicada y es preciso investigar más, pero hay algunas pruebas que sugieren que el CBD podría ayudar con los síntomas de un desequilibrio hormonal.

Nuestro estado de ánimo, nuestra personalidad, nuestra visión de la vida, nuestros niveles de energía y nuestra capacidad para hacer frente a los problemas son hormonales. Una vez que entendamos esto y empecemos a explorar cómo nuestras hormonas influyen en gran parte de nuestra vida, ganaremos más control sobre gran parte de nuestras experiencias cotidianas.

Capítulo Tres

RECETAS CON CBD

Crear tus propios productos con CBD es una de las formas más creativas, divertidas y sencillas de aprovechar los beneficios terapéuticos del CBD, ya sea para tratar la ansiedad, el dolor, los trastornos del sueño o para disfrutar de los beneficios del CBD con una vida sexual más feliz y saludable. Cuando te pongas manos a la obra con estas recetas, no olvides que el CBD es increíblemente nutritivo para la piel, además de tener innumerables beneficios para la salud, pues como ya hemos dicho, el CBD ofrece potentes resultados antioxidantes y anti-inflamatorios que tu piel te agradecerá. Estas recetas cubren un amplio abanico de afecciones y ofrecen una gran variedad de soluciones. Han sido diseñadas para que sean sencillas, fáciles de hacer y asombrosamente eficaces, así que sumérgete en ellas y da rienda suelta a tu creatividad formulando también tus propias recetas.

Como muchas recetas de este libro combinan CBD y aceites esenciales, es interesante señalar que el célebre neurólogo Ethan Russo dice que "la investigación sugiere que el uso combinado de aceites esenciales y cannabinoides puede ser una terapia potencial novedosa para el tratamiento de la neurodegeneración y los síntomas asociados."

Recetas con CBD

A ntes de meterte en la cocina y empezar a crear maravillas saludables con CBD, deberías familiarizarte con algunos datos clave para que tu proceso de elaboración de recetas sea lo más sencillo posible.

En primer lugar, no vas a necesitar ningún material especial para las recetas de este libro. La mayor parte de lo que necesitas para preparar estas recetas ya está en el armario de tu cocina – por ejemplo, cuencos, cucharas y balanzas– aunque sí que te recomiendo encarecidamente que utilices un equipo de mezcla aparte para tus recetas con CBD, ya que los aceites esenciales pueden dejar un olor y sabor duraderos, y supongo que no querrás que tu comida sepa a aromaterapia. Esto es lo que necesitarás para estas recetas con CBD:

Báscula de cocina digital: como algunas de las cantidades de ingredientes son muy pequeñas, necesitarás una báscula digital para garantizar la precisión de tus mediciones.

Jarras medidoras: el acero inoxidable y el cristal nos pueden venir muy bien. En cambio, no recomiendo el plástico por varias razones, pero sobre todo porque el olor del aceite puede durar en el plástico, pero no en vidrio o acero inoxidable. Además, tanto el vidrio como el acero inoxidable son fáciles de limpiar y esterilizar.

Cuenco y vaso de cristal: los vasos de cristal te permitirán verter fácilmente las recetas a base de aceite. Son fáciles de limpiar y esterilizar.

Agitador: necesitarás un agitador o una cuchara para muchas de las recetas. En mi caso, prefiero los agitadores de cristal o acero inoxidable, ya que son más fáciles de limpiar, pero un agitador de madera también sirve.

Rallador de cocina: necesitarás un rallador normal para rallar la manteca de cacao para la receta del jabón de baño.

Utensilios para baño maría: para derretir mantecas y ceras o calentar suavemente aceites vegetales, es necesario realizar un baño maría. Para ello, basta con calentar un cazo lleno hasta la mitad con agua, en el que se coloca un bol de acero inoxidable o un vaso de precipitados con el ingrediente que se va a derretir o calentar. El agua del cazo funciona como la fuente de calor necesaria para fundir y calentar los ingredientes del bol.

ALMACENAR TUS INGREDIENTES Y RECETAS

Yo guardo el aceite de CBD, el aceite vegetal y los aceites esenciales en botellas o tarros de cristal oscuro (ámbar, azul marino o verde oscuro), en un armario fresco y seco, y me aseguro de cerrarlos bien después de cada uso. Para guardar mis recetas una vez terminadas, utilizo recipientes de cristal, ya que protegen los ingredientes naturales de la luz solar y mantienen la receta fresca durante más tiempo. En Internet puedes encontrar fácilmente preciosos recipientes de cristal de distintos colores y formas (más abajo te sugiero algunos sitios).

Con cada receta, verás que te ofrezco consejos sobre cuánto tiempo se mantendrá fresco el producto y cómo conservarlo. Los aceites, bálsamos y ungüentos no suelen ser sensibles al moho causado por la actividad microbiana y bacteriana, por lo que suelen conservarse entre dos y seis meses, pero ten en cuenta que con el tiempo se oxidan y acaban volviéndose rancios. Todos se conservan frescos durante dos meses si se mantienen frescos y alejados del calor directo y la luz solar. En mi caso, yo siempre guardo los aceites en frascos oscuros para protegerlos desde el día en que se crean. Y si quieres hacer lotes más grandes y alargar la vida útil de tu producto, añade un 1% de vitamina E a tu receta, pues al ser un antioxidante natural, aportará una capa adicional de protección a tu receta.

Sugerencias de proveedores

No necesitarás nada extraordinario para hacer estas recetas, pero puede que necesites comprar algunos aceites esenciales, que no siempre los tenemos a mano. A continuación, te dejo un listado de mis proveedores de confianza: algunos me encantan desde hace años, otros son mis favoritos más recientes. Verás que es una lista de proveedores internacionales, para ayudarte así a encontrar las mejores opciones sin importar en qué parte del mundo vayas a cocinar una tormenta aromática divina inspirada en el CBD.

FUENTES DE CBD

cbii-cbd.com .... UK/EU

rosebudcbd.com .... US

shop-poplar.com .... US/UK/EU/CA/ROW

bloomfarmscbd.com .... US

charlottesweb.com .... US

blacktiecbd.net .... US

love-hemp.com .... UK/EU

cbd-guru.co.uk .... UK/EU/ROW

junepure.com .... EU/UK

ACEITES ESENCIALES

verdon-rosesetaromes.com .... EU/UK/US/CA/ROW

lessenteursduclaut.fr .... EU/UK/US/CA/ROW

essentianobilis.com .... EU/UK/US/CA/ROW

aromatics.com .... US/UK/EU/CA/ROW

oshadhi.co.uk .... UK/EU

newdirectionsaromatics.ca .... US/CA

escents.ca .... US/CA

edensgarden.com .... US/UK/EU/CA/ROW

baseformula.com .... UK

ACEITES VEGETALES

aromatics.com .... US/UK/EU/CA/ROW

baldwins.co.uk .... UK/EU

nobleroots.com .... US

baseformula.com .... UK

MANTECAS Y CERAS

aromatics.com .... US/UK/EU/CA/ROW

hollandandbarrett.com .... UK/EU

thesoapkitchen.co.uk .... UK/EU

mountainroseherbs.com .... US/CA

organic-creations.com .... US

baseformula.com .... UK

HIDROSOLES

verdon-rosesetaromes.com .... EU/UK/US/CA/ROW

lessenteursduclaut.fr .... EU/UK/US/CA/ROW

essentianobilis.com .... EU/UK/US/CA/ROW

aromatics.com .... US/UK/EU/CA/ROW

edenbotanicals.com .... US/CA

mountainroseherbs.com .... US/CA

MATERIAL

walmart.com .... US

crateandbarrel.com .... US/UK

makingcosmetics.com .... US

zedmed.co.uk .... UK/EU

ikea.com .... UK/EU

RECIPIENTES

ampulla.co.uk .... UK

lesamesfleurs.com .... CA

stocksmetic.com .... US/UK/CA

amazon.com .... UK/US/EU/CA/ROW

RECURSOS DIDÁCTICOS SOBRE CBD
Y ACEITES ESENCIALES

labaroma-education.com

labaroma-education.com/LabCBD

labaroma.com/podcast

projectcbd.org

essenceofthyme.com/programs

Recetas para
el estrés

ROLL-ON DESESTRESANTE DE CBD

Las recetas con roll-on son uno de los mayores tesoros del mundo de la aromaterapia. El roll-on consiste en una botella pequeña, normalmente de 10 ml, con una bola giratoria y un tapón de rosca en la parte superior. La botella se llena normalmente con un aceite de base vegetal y una selección de aceites esenciales. Uno de los motivos por los que este pequeño producto es tan eficaz es su comodidad y su poderosa relación con el sistema olfativo, ya que la ciencia reciente demuestra que una de las mejores maneras de apoyar nuestro sistema nervioso central es mediante el uso de aromáticos a través de la inhalación y nuestro sentido del olfato.

En el pasado no le hemos dado al sentido del olfato la importancia que merece. No obstante, gracias a la evolución científica, ahora sabemos que nuestro sistema olfativo es tremendamente influyente e importante, especialmente cuando se comunica con el cerebro.

Ingredientes

9 ml de aceite de jojoba

2 gotas de aceite de CBD

2 gotas de aceite esencial de bergamota

2 gotas de aceite esencial de incienso

2 gotas de aceite esencial de lavanda

2 gotas de aceite esencial de palo santo

Método

1. Añade 9 ml de aceite vegetal de jojoba y de aceite de CBD al frasco mezclador.

2. Añade al frasco las gotas de los cuatro aceites esenciales.

3. Cierra el frasco poniendo la bola de roll-on y luego el tapón. Agita para mezclar los aceites vegetales y esenciales.

Consejos de utilización

Aplicar en las muñecas cuando sea necesario, especialmente si comienzas a sentir signos de agobio y estrés.

Material y conservación

Frasco roll-on de 10 ml
En un frasco de cristal oscuro, la mezcla se
mantendrá fresca de dos a seis meses

Nota alquímica

Esta receta funciona mejor si te la aplicas justo en
el momento en que te sientas agobiado. Para una
mayor eficacia, aplica el roll-on en las muñecas
y haz tres inhalaciones profundas y conscientes.
Estas tres respiraciones profundas sirven para calmar
tu sistema nervioso central a la vez que ayudan
a transportar los compuestos terapéuticos de los
aceites aromáticos a tu sistema olfativo para que
tu cerebro pueda empezar a reconocer que estás
intentando activamente calmarte, respirar y aliviar
el estrés.

ACEITE DE CBD PARA MASAJES ANTIESTRÉS

La ventaja de tratar el estrés con masajes es doble. Por un lado, obtienes los beneficios de los aceites esenciales aromáticos relajantes y el aceite de CBD calmante, y por otro lado tus músculos empiezan a relajarse de verdad a través del arte del tacto, que se consigue mediante el masaje. Incluso el auto-masaje puede ser una forma muy eficaz de tratar el estrés, ya que tú mismo te tomas el tiempo necesario para relajar y destensar tus músculos, a la vez que alimentas tu olfato y el sistema endocannabinoide con plantas curativas.

Ingredientes

20 ml de aceite de girasol

15 ml de aceite de argán

14 ml de aceite de CBD

6 gotas de aceite esencial de neroli

6 gotas de aceite esencial de ylang ylang

5 gotas de aceite esencial de mandarina

5 gotas de aceite esencial de lavanda

4 gotas de aceite esencial de jazmín

Método

1. Mezcla los aceites de girasol, argán y CBD Añade suavemente las gotas de los cinco aceites esenciales.

2. Transfiere la mezcla al frasco de cristal y ciérralo con tapa.

Modo de empleo

Agitar la mezcla antes de usar. Aplicar sobre la piel para un masaje aromático relajante.

Material y conservación

Frasco de cristal de 50 ml y tapa
Agitador
Como este aceite de masaje no contiene agua, puede conservarse hasta seis meses si se protege de la luz solar directa y del calor

Nota alquímica

Si te gusta más el aroma de las flores que el de los cítricos, te recomiendo que añadas dos gotas más de jazmín a esta mezcla y reduzcas el neroli a cuatro gotas. Este pequeño ajuste le dará a la receta un aroma mucho más exótico y floral, que puede que te resulte aún más desestresante.

TINTURA DESESTRESANTE

Una de las formas más efectivas de alimentar tu sistema endocannabinoide con CBD es tomando una tintura diaria de CBD, aunque es cierto que el mercado está saturado de productos y puede ser muy confuso encontrar una tintura de CBD de buena calidad y asequible, por lo que hacer la tuya propia se convierte en una muy buena opción. El beneficio de tomar la tintura de CBD a diario es que alimenta de forma constante y amable tu sistema endocannabinoide, lo que ayuda con el agobio, la ansiedad y el estrés, además de ofrecer esos beneficios antiinflamatorios y antioxidantes adicionales a tu cuerpo y mente.

Ingredientes

90 gramos de aceite de coco

10 gramos de aislado de CBD*

Método

1. Calienta suavemente el aceite de coco al baño maría hasta que alcance los 40°C.

2. Añade lentamente el aislado de CBD hasta que se disuelva por completo.

3. Cuando se enfríe, viértelo desde el vaso de precipitados de acero inoxidable hasta la botella de cristal de 100 ml.

Modo de empleo

Para una mayor eficacia, tómalo a diario.
Mi recomendación es que tomes cinco gotas, hasta tres veces al día. Mantén las gotas bajo la lengua durante 60 segundos antes de tragarlas. En esta receta con un 10% de concentración de CBD, cada gota son aproximadamente 5 mg de CBD, siendo las 15 gotas diarias recomendadas 75 mg.

Material y conservación

Botella esférica de vidrio de 100ml con aplicación de pipeta

Vaso de acero inoxidable
Agitador
Almacena tu tintura en un lugar fresco y alejado
de la luz natural y te durará de dos a seis meses

Nota alquímica

Pueden pasar algunas semanas antes de que sientas
los beneficios de tomar CBD de forma regular, pero
el cuerpo de cada persona es diferente. Algunas
personas sienten el impacto en su salud diaria al
cabo de solamente una semana, pero para otras
puede llevar más tiempo. Sé paciente y constante
con tu nueva rutina de CBD.

*He creado esta receta con aislado de CBD, ya que
cultivar tu propio cáñamo o cannabis para hacer
una tintura pura a base de plantas puede no ser una
opción disponible en función de la legislación del
lugar donde vivas.*

Recetas para dormir

JABÓN DE BAÑO ZZZZ

El baño es una de las mejores herramientas que tenemos para cuidarnos. Como parte de tu rutina para ir a dormir es un magnífico complemento para tu bienestar holístico y aromático. En esta receta, el garbanzo en polvo aliviará tu cuerpo para que salgas del baño con la piel suave como la seda. Además, la manteca de cacao, las flores de lavanda, el aceite de CBD y los aceites esenciales constituyen el resto de invitados de lujo a tu baño de ensueño.

Ingredientes

2 gramos de flores de lavanda secas

60 gramos de garbanzo en polvo

20 gramos de manteca de cacao

17 ml de aceite de CBD

10 gotas de aceite esencial de lavanda

10 gotas de aceite esencial de petitgrain

6 gotas de aceite esencial de ylang ylang

Método

1. En un bol de cristal o acero inoxidable, mezcla el garbanzo en polvo y las flores de lavanda.

2. Ralla la manteca de cacao en el bol.
   Es recomendable que enfríes el cacao antes de usarlo, ya que será más fácil de rallar.

3. Añade el aceite de CBD y los tres aceites esenciales.

4. Pásalo al tarro de cristal y ciérralo con tapa.

Modo de empleo

Mientras preparas el baño, añade tres cucharadas de tu nueva receta. Remueve con la mano para asegurarte de que se distribuye de manera uniforme.

Material y conservación

Báscula digital de cocina
Bol de cristal o acero inoxidable
Rallador de cocina normal
Agitador
Tarro de cristal de 100 ml con tapa

Nota alquímica

Cuanto más tiempo dejes esta mezcla sellada en el tarro, más aromática se volverá.

ROLL-ON DULCES SUEÑOS

El CBD es famoso por ayudar a conciliar el sueño, sobre todo porque reduce la sensación de estrés y ansiedad y nos ayuda a relajarnos. Es casi imposible tener un sueño reparador cuando nos invade la ansiedad, de modo que combinar el CBD con algunos de nuestros aceites esenciales inductores del sueño favoritos es un fabuloso punto de partida para dormir mejor. En esta receta, la lavanda y la mejorana invitan a una sensación de seguridad tranquila, mientras que la manzanilla romana te llevará al siguiente nivel de descanso.

Si tienes la suerte de cultivar lavanda en tu jardín, puedes utilizar lavanda fresca en lugar de las flores de lavanda secas sugeridas en la lista de ingredientes.

Ingredientes

9 ml de aceite de CBD

3 gotas de aceite esencial de mejorana

3 gotas de aceite esencial de lavanda

2 gotas de aceite esencial de manzanilla romana

Método

1. Añade 9 ml de aceite de CBD al frasco mezclador.
2. Añade al frasco roll-on las gotas de los tres aceites esenciales.
3. Cierra el frasco poniendo la bola de roll-on y luego el tapón. Agita para mezclar los aceites vegetales y esenciales.

Modo de empleo

Aplicar en las muñecas diez minutos antes de acostarse y respirar profundamente tres veces.

Material y conservación

Frasco roll-on de 10 ml

En un frasco de vidrio oscuro, la mezcla se conservará fresca de dos a seis meses

Nota alquímica

La higiene del sueño se ha convertido en un tema de gran importancia en nuestra rutina de bienestar. En un mundo en el que cada día nos enfrentamos a múltiples retos externos, una de las mejores formas de prosperar es asegurarnos de que dormimos lo suficiente y bien. La buena noticia es que tenemos la oportunidad de descansar todas las noches, por lo que asegurarnos de que nuestra higiene del sueño es de la mejor calidad posible es la mejor manera de garantizar que estamos suficientemente recargados cada mañana. Y para ello cuentas con la ayuda inestimable del roll-on dulces sueños.

SPRAY DE CBD PARA ALMOHADA

Impregna tu almohada con lavanda y aceite de CBD para pasar una noche tranquila y relajante. Asimismo, esta receta es maravillosa para niños, rociando también unas gotas en su almohada antes de acostarse. Solo contiene dos gotas de aceite esencial de lavanda, por lo que el olor es muy suave y no irrita la nariz.

Ingredientes

30 ml de hidrosol de lavanda

15 ml de aceite de CBD

5 ml de glicerina vegetal

2 gotas de aceite esencial de lavanda

Método

1. Mezcla el hidrosol de lavanda, el aceite de CBD y la glicerina vegetal.

2. Añade suavemente el aceite esencial de lavanda.

3. Pásalo al frasco de cristal y cierra el frasco con la tapa de aplicación en spray.

Modo de empleo
Pulverizar directamente sobre la almohada antes
de dormir.

Material y conservación
    Vaso de vidrio o de acero inoxidable
    Agitador
    Frasco de cristal de 50 ml con tapa de aplicación
    en spray
    El spray de almohada se mantendrá aromático
    hasta tres semanas si se conserva alejado de la luz
    solar directa y del calor.

Nota alquímica
El agua y el aceite no se mezclan, es por ello que
necesitas la glicerina vegetal para ayudar a que se
combinen estos dos ingredientes.

Recetas para el dolor

BARRA CORPORAL CALMANTE DE CBD

Al ser muy fácil de frotar en las zonas de dolor o tirantez, una barra corporal es un fantástico producto para tratar el dolor muscular. La base de mantecas de karité y cacao de esta receta permite una aplicación suave. Estas mantecas nutren la piel, mientras que los aceites esenciales y el CBD combaten terapéuticamente los dolores y molestias que tengamos.

Ingredientes

- 30 gramos de manteca de cacao
- 10 gramos de manteca de karité
- 5 ml de aceite de CBD
- 5 ml de aceite de árnica
- Un puñado de hojas de menta
- 5 gotas de aceite de pimienta negra
- 5 gotas de aceite esencial de menta
- 5 gotas de aceite esencial de eucapluptis globlus

Método

1. Derrite la manteca de cacao y la manteca de karité al baño maría.

2. Retíralo del fuego e incorpora suavemente el CBD y el aceite de árnica, y después incorpora los tres aceites esenciales y, por último, las hojas de menta.

3. Vierte la mezcla en los moldes y métela en el frigorífico para que cuaje. Tardará entre una y dos horas en cuajar.

4. Una vez que la mezcla se haya endurecido, extrae la barra corporal de los moldes y utilízala según tus necesidades.

Modo de empleo

Masajear el cuerpo antes de acostarse.

Material y conservación

Utensilios para baño maría

Recipiente de acero inoxidable

Agitador

De cuatro a seis moldes pequeños

Como esta receta no contiene agua, las barras se mantendrán frescas hasta seis meses.

Nota alquímica

Guarda una barra en tu bolsa del gimnasio para aplicarla a los músculos doloridos tras el entreno, y otra en el cuarto de baño para los dolores cotidianos. Las hojas de menta añaden un nuevo nivel de frescor a la piel, así que no te las saltes en esta receta. Las hojas de té de menta también dan un toque magnífico.

BÁLSAMO MUSCULAR DE CBD

El aceite de CBD posee generosas propiedades antioxidantes y antiinflamatorias, que son los activos ideales para esta receta. Este bálsamo está repleto de compuestos terapéuticos antiinflamatorios, analgésicos y antioxidantes de origen vegetal que, combinados juntos, ayudarán a nuestros músculos a recuperarse y repararse después de un duro trabajo.

Ingredientes

35 gramos de aceite de CBD

10 gramos de manteca de karité

4,5 gramos de cera de candelilla

10 gotas de aceite esencial de plátano

5 gotas de aceite esencial de tanaceto azul

5 gotas de aceite esencial de pimienta negra

5 gotas de aceite esencial de manzanilla alemana

Método

1. Derrite la manteca de karité y la cera de candelilla al baño maría.

2. Apaga el fuego y deja que la mezcla se enfríe a 40°C antes de añadir el aceite de CBD.

3. Retírala del fuego y añade suavemente los cuatro aceites esenciales.

4. Viértela inmediatamente en un tarro antes de que la mezcla empiece a endurecerse.

Modo de empleo

Masajear el cuerpo tantas veces como sea necesario.

Material y conservación

Utensilios para baño maría
Recipiente de acero inoxidable
Agitador
Tarro de cristal de 50 gramos con tapa
Como este bálsamo no contiene agua, se conservará hasta seis meses si se mantiene lejos de la luz solar directa y el calor.

Nota alquímica

Con tan solo unas pocas gotas de manzanilla alemana, el bálsamo adquirirá un hermoso tono verde azulado oceánico. Además, el compuesto vegetal de la manzanilla alemana que produce esta coloración azul es antiinflamatorio, antioxidante y analgésico.

ACEITE DE MASAJE PARA DOLORES ARTICULARES

El dolor articular es uno de esos problemas que todos hemos experimentado alguna vez y que, aunque puede ser leve, puede impedirnos realizar con normalidad nuestras actividades diarias. Una de las mejores formas de tratar el dolor articular es masajear la zona dolorida con CBD y aceites esenciales, ya que por un lado los compuestos terapéuticos de las plantas nos ofrecerán alivio y reparación, y por otro lado el masaje activo ayuda a aliviar la tensión y el dolor en la zona afectada.

Ingredientes

40 ml de aceite de jojoba

30 ml de aceite de CBD

20 ml de aceite de árnica

14 ml de aceite de consuelda

8 gotas de aceite esencial de bálsamo de copaiba

8 gotas de aceite esencial de enebro

6 gotas de aceite esencial de plátano

3 gotas de aceite esencial de menta piperita

Método

1. Mezcla los tres aceites vegetales y el aceite de CBD.

2. Añade suavemente los cuatro aceites esenciales.

3. Transfiere la mezcla al frasco de vidrio y ciérralo con tapa.

Modo de empleo

Masajear el cuerpo tantas veces como sea necesario y especialmente cuando se tengan dolores articulares.

Material y conservación

Frasco de cristal de 100 ml y tapa
Vaso de vidrio o de acero inoxidable
Agitador
Este aceite de masaje no contiene agua, de modo que puede conservarse hasta seis meses si se protege de la luz solar directa y del calor.

Nota alquímica

El dolor articular suele ir acompañado de una sensación de calor. El aceite esencial de menta ayudará a enfriar el calor de manera eficiente, pero además te recomiendo que mantengas este aceite de masaje en la nevera, ya que la frescura de la mezcla refrigerada añade una capa adicional de alivio refrescante a la zona de dolor.

GEL CALMANTE DEL DOLOR

El aceite de CBD es conocido por sus propiedades analgésicas, que ayudan a aliviar el dolor, la inflamación y el malestar. Por su parte, el aloe vera no solo proporciona una eficaz acción antiinflamatoria, sino que su rápida absorción por la piel acelera las propiedades analgésicas de esta magnífica receta. Al combinar estos dos ingredientes naturales obtendremos un potente aliado contra el dolor.

Ingredientes
30 gramos de gel de aloe vera
19 gramos de aceite de CBD
10 gotas de aceite esencial de pimienta negra
8 gotas de aceite esencial de menta
8 gotas de aceite esencial de lavanda

Método
1. Mezcla el gel de aloe vera y el aceite de CBD.

2. Añade los tres aceites esenciales.

3. Pásalo al frasco de cristal y ciérralo con la tapa.

Modo de empleo

Agitar bien antes de usar y aplicar en la zona afectada tantas veces como sea necesario.

Material y conservación

Frasco de cristal de 5 ml y tapa –una bomba dispensadora de gel es muy útil para esta receta
Vaso de vidrio o de acero inoxidable
Agitador
Este gel se mantendrá fresco hasta un mes, si se mantiene refrigerado.

Nota alquímica

Si la zona dolorida también presenta retención de líquidos por edema, merece la pena añadir tres gotas de aceite esencial de bayas de enebro a esta receta, ya que es un magnífico diurético famoso por su eficacia contra el edema.

Recetas para el sexo

ROLL-ON DE CONFIANZA SEXUAL

Este roll-on de confianza sexual es una cómoda forma de apoyar a tu dios interior y ayudar a aumentar tu confianza sexual. El ylang ylang aumenta tu energía a la vez que ayuda a fomentar la conexión, la bergamota infunde un sentido de auto-aceptación y amor propio, mientras que las notas cítricas y exóticas del yuzu añaden brillo a los aromas de este impresionante roll-on.

Ingredientes

- 5 ml de aceite de jojoba
- 4 ml de aceite de CBD
- 4 gotas de aceite esencial de bergamota
- 4 gotas de aceite esencial de rosa
- 4 gotas de aceite esencial de ylang yang
- 4 gotas de aceite esencial de yuzu

Método

1. Añade 9 ml de aceite vegetal de jojoba y aceite de CBD al frasco.

2. Añade al frasco roll-on las gotas de los cuatro aceites esenciales.

3. Cierra el frasco poniendo la bola de roll-on y luego el tapón. Agita para mezclar los aceites vegetales y esenciales.

Modo de empleo

Aplicar en las muñecas cuando sientas la necesidad de explotar tu confianza sexual.

Material y conservación

Frasco roll-on de 10 ml
En un frasco de vidrio oscuro, la mezcla se conservará fresca de 2 a 6 meses

Nota alquímica

En un principio, creé esta receta para usarla en la cama o con una pareja, pero con los años he descubierto que es una hermosa mezcla para ayudar a fortalecer mi autoestima y confianza en mí misma, así que no tengas reparos en usar esta mezcla fuera del ámbito sexual cuando necesites un poco de seguridad y confianza en ti mismo.

ACEITE DE MASAJE AFRODISÍACO CON CBD

Tengo predilección por algunos aceites esenciales para el amor, la pasión y la lujuria. La rosa es el aceite definitivo para el amor propio, con un aroma que te envuelve en adornos, mientras que el jazmín aporta un aroma exótico y floral que te anima a sentirte equilibrado, relajado y te ayuda a entrar en ese perfecto estado de ánimo afrodisíaco. El pachulí también es maravilloso al estimular los niveles de energía y reducir el estrés. La función del CBD en esta mezcla de masaje es reducir el nerviosismo y la ansiedad interna.

Ingredientes

30 ml de aceite de CBD

19 ml de aceite de argán

10 gotas de aceite esencial de rosa

8 gotas de aceite esencial de pachulí

6 gotas de aceite esencial de jazmín

Método

1. Mezcla el aceite de argán y el aceite de CBD.

2. Añade suavemente las gotas de los tres aceites esenciales.

3. Transfiere la mezcla al frasco de cristal y ciérralo con tapa.

Modo de empleo

Agitar la mezcla antes de usar. Disfruta de un divino aceite de masaje afrodisíaco.

Material y conservación

Frasco de cristal de 50 ml y tapa
Vaso de vidrio o de acero inoxidable
Agitador
Este aceite de masaje no contiene agua, de modo que puede conservarse hasta seis meses si se protege de la luz solar directa y del calor

Nota alquímica

¡No tienes por qué guardar tu aceite de masaje afrodisíaco para ocasiones especiales! Yo soy una gran fan de utilizar este aceite de masaje como aliado en los juegos preliminares con mi pareja, pero también lo utilizo para fortalecer mi amor propio, dándome un masaje que me ayude a relajar los músculos.

Capítulo Cuatro

EL FUTURO DEL CANNABIS, EL CBD Y LAS MEDICINAS BOTÁNICAS COMPLEMENTARIAS

¿Cuál es el futuro del cannabis y de las medicinas botánicas complementarias?

En primer lugar, debemos detenernos a comprender el crecimiento sin precedentes del cannabis y las medicinas botánicas complementarias en los últimos tiempos. En 2021, las ventas mundiales de cannabis llegaron a los 37.400 millones de dólares, y se prevé que alcancen los 102.000 millones de dólares en 2026. La industria mundial del cannabis se dirige así hacia un período de expansión, marcado por la legalización generalizada, la innovación y un amplio crecimiento que tiene el potencial de cambiar radicalmente la forma en que utilizamos la medicina vegetal hoy en día, sobre todo en el ámbito de la atención sanitaria.

En la última década, el mercado del cannabis en Norteamérica ha crecido de forma constante y exponencial: cada vez más estados han legalizado el cannabis tanto para uso medicinal como recreativo. En 2020 se estimó que el uso recreativo del cannabis para adultos estaba valorado en 12.500 millones de dólares y el uso médico en 5.600 millones, y se espera que estas cifras

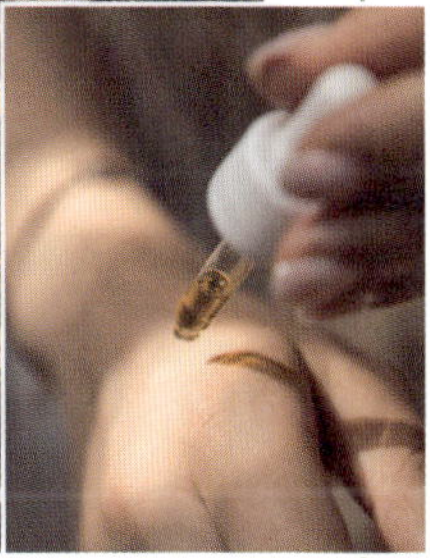

aumenten en 2025 hasta los 30.500 millones de dólares para uso recreativo y los 8.600 millones de dólares para uso médico.

Por su parte, está previsto que el mercado europeo del cannabis alcance los 37.000 millones de dólares en 2027, a medida que Alemania, el Reino Unido y Francia impulsen las ventas. Cada vez está más disponible el cannabis para uso médico en Europa, especialmente en países como España, Malta, Países Bajos, Reino Unido y Austria, por poner algunos ejemplos. La situación legal del cannabis varía de un país a otro; algunos países, como España, Alemania e Italia, incluso han despenalizado el consumo de cannabis. En octubre de 2018, Canadá se convirtió en el segundo país del mundo en legalizar el cannabis a nivel federal, y ya en noviembre de 2021 se registraron unas ventas minoristas de cannabis legal en todo Canadá de más 253 millones de dólares canadienses. Desde la legalización federal del cannabis para uso medicinal y recreativo en Canadá, las ventas no han hecho más que crecer, y el cannabis ha aportado 43.500 millones de dólares al PIB de Canadá y 13.300 millones al PIB de Ontario. Esta estadística financiera canadiense debería bastar como incentivo convincente para que otros países reconsideren su posición legal acerca del cannabis.

¿Qué relación tienen estas cifras con los ciudadanos estadounidenses? El cannabis es la droga federalmente ilegal más consumida en los Estados Unidos: 48,2 millones de personas, o alrededor del 18% de los estadounidenses, lo consumieron al menos una vez en 2019. Hay alrededor de 3,6 millones de pacientes de cannabis medicinal legal y hubo 3,43 millones de consumidores de cannabis recreativo en los Estados Unidos en 2020. Para 2025, se estima que la cifra será el doble. Según los informes, los principales usos medicinales del cannabis en Estados Unidos son el tratamiento dolor (especialmente el dolor crónico y el dolor relacionado con los nervios), el TEPT, la enfermedad de Parkinson, las afecciones inflamatorias, el estrés y la ansiedad.

Por otro lado, estamos empezando a ver cómo, curiosamente, el crecimiento del mercado del cannabis repercute en el mercado de las hierbas medicinales. Definimos una hierba como

una planta o parte de una planta que se utiliza en medicina por su aroma, sabor o propiedades terapéuticas. Un ejemplo serían los aceites esenciales. El tamaño del mercado mundial de medicamentos a base de hierbas se estimó en 83 mil millones de dólares en 2019 y se espera que alcance los 550 mil millones de dólares en 2030, a una tasa de crecimiento del 18,9% hasta 2030. En los últimos cinco años, las ventas de plantas medicinales se han duplicado en China, se han triplicado en la India y han crecido un 25% en Europa, evidenciando que el aumento de la demanda de medicina natural en todo el mundo está disparando el crecimiento del mercado de hierbas medicinales.

El crecimiento del mercado del cannabis también ha lanzado la popularidad de otros productos botánicos, no solo por la renovada concienciación, sino por la relación sinérgica entre el cannabis, sus compuestos como el CBD y otros productos botánicos, que se está utilizando y dando buenos resultados en el ámbito de la belleza y el bienestar. Sí que es cierto que algunos productos botánicos tienen más efectos terapéuticos que otros al combinarse con el cannabis. Los productos botánicos que funcionan mejor terapéuticamente junto con el cannabis suelen ser los que tienen un perfil químico similar o complementario al de la planta de cannabis. Así, las plantas que poseen sus propias propiedades antiinflamatorias y antioxidantes son las más ventajosas junto con el cannabis.

Y dicho esto, ¿cuál es el futuro del cannabis y de las medicinas botánicas complementarias? Pues el futuro es la medicina personalizada, un modelo de medicina que incluye plantas, productos farmacéuticos y consideraciones sobre el estilo de vida, así como nuestro propio ADN único, y que se está viendo que es el enfoque más beneficioso para el cuidado de la salud.

A lo largo de la historia –y en gran medida en nuestro mundo moderno– la práctica de la medicina ha sido, sobre todo, reactiva, es decir: esperamos a que den comienzo las enfermedades y luego intentamos tratarnos o curarnos, recurriendo a menudo a los fármacos. Y como no comprendemos del todo los factores genéticos y ambientales que causan enfermedades importantes como el cáncer, el Alzheimer o la

diabetes, nuestros esfuerzos por tratarlas suelen ser imprecisos, impredecibles, ineficaces y, muy a menudo, infructuosos.

Esto nos lleva a afirmar que actualmente funcionamos en un "sistema de enfermedad" y no en un sistema de salud. La mayoría de los medicamentos del mercado se prueban en poblaciones amplias y se prescriben utilizando medias estadísticas, pero luego vemos que funcionan solo para un pequeño número de pacientes y no para las masas, sobre todo debido a nuestras grandes diferencias genéticas. ¿Cómo funciona la medicina personalizada? La industria médica habla actualmente de medicina de precisión, siendo el tratamiento del cáncer el pionero en este campo. El objetivo es ofrecer un enfoque a medida para abordar las necesidades y síntomas únicos de cada paciente, lo cual requiere de varias piezas de vital importancia, entre ellas la tecnología emergente y nuestras plantas. En primer lugar, se necesitan perfiles genéticos (también llamados secuenciación genética) que ayuden a tener una idea clara del perfil de un paciente concreto; en este sentido, se está empleando inteligencia artificial para definir marcadores de salud y ofrecer perspectivas sobre posibles afecciones futuras basándose en los datos obtenidos de los perfiles genéticos. La información clínica y diagnóstica se recopila y utiliza para ofrecer una solución sanitaria personalizada y prescriptiva, en la que cada vez más se están incluyendo medicamentos y compuestos vegetales como el CBD, especialmente cuando se optimiza el sistema endocannabinoide.

La medicina personalizada se basa en la composición genética única de cada paciente y está empezando a superar las limitaciones de la medicina tradicional, pues supone un cambio de paradigma al poner el énfasis en la prevención en lugar de en la reacción. Ayuda a predecir la susceptibilidad a la enfermedad, al tiempo que mejora su detección y se adelanta a su progresión. Los conocimientos avanzados sobre nuestra genética única ayudan a personalizar estrategias de prevención de enfermedades que permiten a los profesionales de la salud poder recetar medicamentos más eficaces y evitar la prescripción de fármacos con efectos secundarios predecibles, lo cual contribuye a eliminar las ineficiencias de ensayo y error que inflan los costes

sanitarios y merman la atención al paciente.

Como decíamos, la atención oncológica es pionera en la medicina personalizada. Mientras que un medicamento contra el cáncer puede funcionar bien en un individuo, el tratamiento podría ser totalmente ineficaz en otro debido a diferencias en la composición genética. Es por ello que laboratorios con sede en Israel y Alemania están desarrollando una plataforma y prácticas que aprovechan los macrodatos y la inteligencia artificial para personalizar mejor las terapias basadas en cannabinoides para cuidados paliativos y tratamientos contra el cáncer. Gracias a estas innovaciones, se podrán desarrollar las terapias precisas y adecuadas a la constitución de cada paciente y su cáncer específico.

A medida que el coste de la secuenciación genética sigue disminuyendo, disponemos cada vez más de una cantidad de datos sin precedentes sobre nuestro genoma que nos está ayudando a comprender mejor nuestro cuerpo. Esto abre muchas

oportunidades a las industrias farmacéutica, botánica –especialmente el cannabis- y tecnológica a medida que avanzamos hacia una nueva era de la atención sanitaria. La pregunta que me hago es: ¿cómo podemos hacer realidad este nuevo enfoque de la atención sanitaria?

Para que este enfoque innovador de la asistencia sanitaria se instale en nuestra vida cotidiana y sea algo a lo que tengamos acceso, deben confluir varios factores clave. Necesitamos el compromiso individual y público, así como la implicación de los profesionales sanitarios, pues el mayor reto será su implantación en los sistemas sanitarios existentes.

También el desarrollo de modelos económicos sostenibles que permitan mejorar los enfoques terapéuticos, diagnósticos y preventivos como nuevos conceptos de asistencia sanitaria en beneficio del público. Si no se desarrolla este enfoque de la asistencia sanitaria con modelos económicos sostenibles a la vanguardia, corremos el riesgo de seguir privando a todas las personas de una asistencia sanitaria eficaz y asequible.

En esta fase crítica dentro de la medicina personalizada, la fitoterapia de precisión es oportuna y esencial para la terapéutica moderna, por no hablar de las innovaciones en biomarcadores que superan la prueba de las prácticas reales y la aplicación en el entorno médico y la sociedad. Durante décadas hemos utilizado los productos botánicos de forma personalizada; la aparición del CBD y el cannabis simplemente ha arrojado una enorme luz sobre este método personalizado de cuidar y tratar nuestros cuerpos. En particular, el cannabis nos ha enseñado el éxito del uso de las plantas como medicina preventiva. El futuro en este ámbito de la salud es fascinante y se acerca a la velocidad que necesitamos.

Índice alfabético

A

aceite de CBD para masajes antiestrés
106-7
aceite de masaje afrodisíaco con CBD
135-6
aceite de masaje para dolores articulares
127-9
American Journal of Managed Care 51
ansiedad
costes de 51
dosis de CBD para 60, 62
importancia del CBD para 56-7
tratamiento con CBD para 53-6
reducción con aceite de CBD 58-62
funcionamiento del CBD 57-8

B

bálsamo muscular de CBD 124-6
barra corporal calmante de CBD 121-3

C

cáncer
tratamiento del 149
cannabis
futuro del 140-51
como medicina herbal 143-4
acceso legal al 27-8
valor de mercado del 140-3
y medicina personalizada 145-51
cáñamo
y CBD 28
formas materiales del 34-9

aceites de 38-9
usos del 28

CBD
beneficios de 10, 16-17
botánica de 29-30
compra de 42-5
descripción de 14, 16-17
dosificación 40-1, 60, 62, 78
y hormonas 88
e inflamación 76-8
acceso legal al 28
formas materiales de 34-7
y reducción del dolor 16, 17, 76-8
seguridad del 41
y sexo 81-4
y sueño 71-3
y estrés 53-62
y THC 38
certificado de análisis (COA) 45
conservación de ingredientes 97
cortisol 51-3

D

deficiencia clínica del sistema
endocannabinoide
(CECD) 24-5
destilados 36-7
Devane, William 21
Di Marzo, Vincenzo 22
dolor 16, 17, 76-8
dosis de CBD 40-1

para reducir el dolor 78
para el estrés y la ansiedad 60, 62

E
Epidiolex 17
estrés
    descripción de 50-1
    dosis de CBD para 60, 62
    y hormonas 51-3
    importancia del CBD para 56-7
    tratamiento con CBD 53-6
    recetas para 103-10
    reducción con aceite de CBD 58-62
    funcionamiento del CBD 57-8
estrógeno 86

F
Figi, Charlotte 7
futuro del cannabis 140-51

G
gel calmante del dolor 130-1

H
hermanos Stanley 7
hormonas
    y CBD 88
    y ESC 88
    y sexo 81-4
    y sueño 71-3
    y estrés 53-62
Howlett, Allyn 21

I
inflamación 76-8
insulina 87-8

J
jabón de baño ZZZZZ 113-14

L
la telaraña de Charlotte 7

M
material para recetas de CBD 94-5
materiales de espectro completo 36
mecanismos del sueño 65-71
Mechoulam, Raphael 22
medicina personalizada 144-51

O
Organización Mundial de la Salud 61

P
plantas de cannabis
    botánica de 29-30
    y cáñamo 26
    formas materiales de 34-7

progesterona 86
proveedores para recetas 98-101

R
RAND Europe 74
recetas
    material para 94-5
    para el dolor 121-31
    para el sexo 133-6
    para dormir 113-19
    conservación de ingredientes 97
    proveedores para 98-101
revisión de remedios 82-83
roll-on de confianza sexual 133-4

roll-on desestresante de CBD 103-5
roll-on dulces sueños 115-17
Russo, Ethan 24

S
San Agustín 51
seguridad del CBD 41
Servicio Nacional de Salud 74
sexo
    y ESC 82
    y hormonas 84-8
    confianza 79-81
    libido y CBD 82-4
    recetas para 133-6
    uso del CBD 81-2
síndrome de Dravet 17
síndrome de Lennox-Gastaut 17
síndromes epilépticos 17
sistema endocannabinoide (SEC)
    y deficiencia endocannabinoide
clínica (CECD) 24-5
    descripción de 18-21
    y hormonas 88
    descuido de 24-5
    y sexo 84
    y sueño 63-4
    y estrés 53-6, 57-8
spray de CBD para almohada 118-19
sueño
    cerebro durante 64-5
    causas de las alteraciones 63
    y hormonas 71
    importancia 74-5
    mecanismos de 65-71
    recetas para 113-19
    y THC 72
    funcionamiento del CBD 71-3
    recetas para dormir
    spray de CBD para almohada 118-19
        roll-on dulces sueños 115-17
        jabón de baño ZZZZZ 113-14
sueño NREM 67-8, 69
sueño REM 67-8, 69-71

T
testosterona 86-7
tetrahidrocannabinol (THC) 32
    y CBD 38
    formas materiales de 36, 37
    y sueño 72
    usos 32-3
tintura desestresante 108-10
trastorno de somnolencia diurna
excesiva 73
tricomas 29-30

W
valor de mercado del cannabis 140-4

Glosario básico sobre el CBD

Ácido tetrahidrocannabinólico (THCa)

El THCa es el precursor y la forma bruta del THC. El THCa en sí no es tóxico, pero cuando se calienta, la molécula ácida se destruye y se crea el THC, conocido por su efecto.

Aislado

Nos estamos refiriendo a una fuente pura de CBD (normalmente el 99%), donde durante el proceso de extracción, se elimina todo lo que se encuentra de forma natural en la planta. Esto incluye cualquier rastro de THC, terpenos, ceras, aceites y clorofila. El aislado de CBD suele presentarse en forma de cristal o polvo.

Amplio espectro

Producto de CBD que contiene más de un cannabinoide, pero no todos los que se encuentran de forma natural en la planta de cáñamo. Por ejemplo, un producto al que se le ha eliminado el THC se considera de amplio espectro.

Biodisponibilidad

Cantidad de la sustancia que entra en el torrente sanguíneo y que puede ser utilizada por el organismo.

Cannabidiol (CBD)

El cannabidiol (también conocido como CBD) es un cannabinoide no tóxico que se encuentra en variedades de la planta de cannabis como CBDa. El cannabidiol disponible en el Reino Unido solo puede producirse a partir de la planta del cáñamo (Cannabis Sativa L.).

Cannabinoide / Fitocannabinoide

Los cannabinoides son componentes químicos que se encuentran en la planta de cannabis. Incluyen THC (Tetrahidrocannabinol), CBD (Cannabidiol), CBG (Cannabigerol), CBN, CBC (Cannabicromeno) y THCV (Tetrahidrocannabivarina). A día de hoy conocemos 113 fitocannabinoides.

Cannabinol (CBN)

El cannabinol es un cannabinoide que se encuentra en la planta de cannabis. Del mismo modo que el THC, es una sustancia controlada en el Reino Unido y no debería encontrarse en niveles superiores a 1 mg por envase en los productos CBD. El CBN se produce cuando el THC envejece. Es ligeramente psicoactivo y se cree que tiene efectos como neuroprotector y en la reducción de la presión intraocular.

Cannabis

Término amplio utilizado para designar un grupo de plantas utilizadas para producir fibras, medicamentos, complementos alimenticios y usadas por algunos como droga recreativa. Este término incluye las variedades con alto contenido en THC que se utilizan con fines medicinales y recreativos, e incluye también el cáñamo bajo en THC que se utiliza para suplementos de CBD y fibras para ropa y otros usos.

Cáñamo

El cáñamo es una variedad de planta de cannabis que se cultiva específicamente para usos industriales. A diferencia de la variedad utilizada para cultivar cannabis recreativo, es baja en THC y tiene tallos gruesos y fibrosos. Entre los usos del cáñamo industrial podemos destacar la fabricación de cuerdas, textiles, papel, bioplásticos, aislantes, combustible, aceite de semilla de cáñamo y extracción de CBD.

Cetonas

Las cetonas son producidas por el hígado para convertir la glucosa en energía.

Comestible

Con el término "comestible" nos estamos refiriendo a los productos que contienen CBD que se pueden comer. Esto incluye gominolas de CBD, chicles, mentas y chocolates.

Efecto bifásico

Con este término nos referimos al efecto producido cuando una sustancia actúa de dos formas diferentes a medida que aumenta su concentración.

Endocannabinoides

Se refiere a un compuesto proteínico que se produce de forma natural en el cuerpo. Se unen a los mismos receptores cerebrales (CB1 y CB2) que los cannabinoides.

Espectro completo

El espectro completo se refiere a los cannabinoides y terpenos del aceite producido a partir de la planta de cannabis o cáñamo. Cuando un aceite es de espectro completo, contiene todos los cannabinoides naturales, a diferencia de un producto de amplio espectro, que tan solo incluye unos pocos.

Extracto

Un extracto es una sustancia que se ha obtenido por prensado, destilación o disolución en alcohol. Por ejemplo, el cáñamo se prensa para obtener cannabinoides, flavonoides y nutrientes de la planta para su uso en productos de CBD.

Híbrido

Híbrido es un término utilizado para referirse a las variedades de cannabis que han sido criadas para incluir elementos de las plantas Cannabis Sativa y Cannabis Indica.

Indica

Indica, también conocida como Cannabis Indica, es un miembro de la familia de las plantas de cannabis. Las plantas Indica se cultivan normalmente por sus altos niveles de THC, pero con el desarrollo de la cría selectiva, ahora hay una serie de variedades con alto CBD y bajo THC que son utilizadas por algunas marcas.

Planta entera

Un producto de CBD de planta entera es aquel que se ha extraído y utilizado completamente en su forma cruda, sin eliminar ningún lípido, grasa o flavonoide de la planta. Los productos de planta entera suelen ser ligeramente amargos y terrosos, ya que no han sido filtrados.

Receptores CB1

Receptores cannabinoides que forman parte del sistema endocannabinoide y se encuentran en las superficies celulares del cuerpo humano, concentrados en el cerebro, el sistema nervioso central y algunos otros órganos.

Receptores CB2

Receptores cannabinoides que forman parte del sistema endocannabinoide y se encuentran en las superficies celulares del cuerpo humano, principalmente en órganos periféricos, sobre todo en células asociadas al sistema inmunitario. Se cree que los receptores CB2 regulan la inflamación.

Sistema Endocannabinoide (SEC)

Sistema biológico que tienen todos los animales y las personas y que mantiene el equilibrio o la homeostasis. Este sistema regula el sueño, el dolor, el apetito, la memoria, el estado de ánimo y la inflamación. Es muy complejo y está formado por los receptores CB1 y CB2, que se cree que son los receptores más abundantes del cuerpo, los cuales interactúan con los endocannabinoides y los cannabinoides.

Sublingual

Sublingual significa literalmente "debajo de la lengua". Hacemos referencia a un método de consumo de CBD en el que el líquido se mantiene bajo la lengua para absorber los ingredientes activos.

Tetrahidrocannabinol (THC)

Es el cannabinoide más famoso de la planta de cannabis, conocido por la sensación de "subidón" asociada al consumo recreativo de cannabis. Muchas variedades modernas de cannabis han sido cultivadas para tener niveles más altos de THC que de cualquier otro cannabinoide.

Terpenos

Los terpenos son aceites aromáticos que confieren al cannabis (y a otras plantas) sus aromas y sabores particulares. Se han identificado más de 120 terpenos del cannabis. Existen en distintas proporciones en las variedades de cannabis y se sabe que tienen diferentes efectos en los seres humanos y los animales.

Glosario abreviado cortesía de For The Ageless. Visita fortheageless.com para consultar el glosario completo.

Recursos didácticos adicionales

LIBROS

The CBD Beauty Book de
Colleen Quinn
The CBD Bible de
Dr. Dani Gordon
The CBD Book de Mary Biles
Road to Ananda de
Carl Germano
*Cannabis Evolution and
Ethnobotany* de Robert Clarke
*Handbook of Cannabis
Therapeutics* de Ethan Russo
Cannabis Pharmacy de
Michael Backes
Cannabis and Cannabinoids de
Franjo Grotenhermen
*The Analytical Chemistry of
Cannabis* de Brian Thomas
Terpenes de Eberhard Breitmaier
Cannabis in Spiritual Practice de
Will Johnston
Cannabis and Spirituality de
Stephen Gray

For the Health of the World de
Eden Labs LLC
Breaking the Grass Ceiling de
Ashley Picillo

PODCASTS

LabAroma Podcast with
Colleen Quinn
CannaInsider Podcast with
Matthew Kind
Aromatic Chat with
Melissa Holman
Professionally Cannabis Podcast
The Cannabis Conversation with
Anuj Desai

CURSOS

LabCBD de LabAroma
LabCannamist de LabAroma
Medical Cannabis Certificate de
Pacific College

Acerca de la autora

Colleen Quinn es una célebre aroma-terapeuta clínica, química cosmética, autora e investigadora del cannabis. Le mueve un poderoso afán por compartir su apasionada creencia y amor por las plantas, así como los sorprendentes, complejos y beneficiosos productos botánicos que se han utilizado desde la antigüedad por sus propieda-des terapéuticas. Este libro es el siguiente paso en su reto de acercar a la vida de la gente los ingredientes más poderosos de la naturaleza para ayudarles a mejorar su salud mental, física y emocional.

Nuestro estilo de vida moderno exige que nuestros cuerpos ten-gan poderes de superhéroes. Demos a nuestros formidables cuerpos el alimento que les corresponde con el regalo más terapéutico de la madre naturaleza, el CBD. Colleen tiene por misión de informarte sobre tus propias capacidades internas de protección y armonización y sobre cómo el CBD puede ayudarte a alimentar uno de los sistemas más importantes de tu cuerpo, el sistema endocannabinoide.

Puedes contactar con Colleen en
labaroma.com
lab-botanical.com/
colleenquinnconsultancy.com

labcannamist.com
aroma@labaroma.com

Agradecimientos

Gracias, Tania, por tu bondad de corazón y tu visión literaria. Gracias por ayudarme a ver que éste era mi siguiente paso. Al equipo de Arcturus, gracias por acogerme y confiar en mí para llevar el CBD a la hermosa serie Elements.

A nuestra comunidad LabAroma, gracias por vuestro apoyo y compromiso conmigo y con las plantas. Nuestras reuniones semanales son ya imprescindibles para mí, en las que me hacéis llegar vuestras preguntas y vuestros deseos de aprender más. Veros absorber la ciencia y crecer en conocimiento terapéutico para apoyar mejor la salud y el bienestar de vuestra familia, de aquellos a los que queréis y con los que trabajáis en vuestras profesiones clínicas y, lo que es más importante, vuestra propia salud y bienestar, me inspira cada día.

Al equipo de LabAroma que apoya, nutre y hace crecer nuestra comunidad con amor y dedicación cada día.

A Sarah por gestionar LabAroma maravillosamente mientras yo me centraba en crear este libro. Solo con tu cuidado y diligencia puedo permitirme el lujo de escapar al mundo de la escritura. Gracias, Sarah.

A mamá y papá, gracias por vuestro infinito apoyo y ánimo. A Donna, Paul, Kerrie, Gavin, Shannon y Brendan, gracias por hacer de vuestras casas mi hogar y de vuestros brazos mi lugar más feliz.